논바이너리 마더

THE NATURAL MOTHER
OF THE CHILD

논바이너리 마더

THE NATURAL MOTHER
OF THE CHILD

크리스 맬컴 벨크Krys Malcolm Belc 지음

송섬별 옮김

orangeD

일러두기

1. 본문의 모든 각주는 옮긴이 주다.

2. 원서에서 이탤릭체로 구분한 것은 고딕체로 표기했다.

3. 단행본, 정기간행물 등은 『 』로, 시와 단편 등은 「 」로, 영화, 티브이 프로그램, 게임 등은 〈 〉로 구분했다.

나에게 나를 알려 준 샘슨 라이언 벨크에게

손에서 손으로 무언가를 건네주기 위해서는
뻗는 손이 있어야 하고 받는 손이 있어야 한다. 우리 둘 다 이 세상에,
이 삶에, 이 장소에 우리가 있음을 알리며 존재해야 한다.
— 클로디아 랭킨

차례

언젠가, 여러 사람들이 모여서 각자 자신에 관해 그 누구도 모르는 사실을 하나씩 털어놓기로 했던 때가 있었다. 그때 내가 털어놓은 건 내가 처음으로 나가 본 운동 경기가 아이리시 댄스였다는 사실이었다. 그래요, 하고 나는 말했다, 내 벽장 안에는 소매가 꼭 맞는 풍성한 푸른 드레스, 분홍색 폼 롤러 한 세트, 길리gillies*와 하드 슈즈, 그리고 주름진 흰 양말이 엄청나게 많이 들어 있었죠. 내가 때로 이런 말을 하는 건 사람들이 내가 무엇인지 알아보지 못해서 느끼는 긴장을 누그러뜨려 주기 위해서인 것 같다.

로커웨이 비치에서 우리는 춤을 췄다, 모두가 춤을 췄다. 우린 모두 아일랜드인이었고 내가 아는 여자애들은 모두 춤을 췄다. 우리는 비치 129번가에 있는 성 프란치스코 살레시오 성당에서 연습했다. 여자애들 중 적어도 절반이 케이틀린Caitlyn이라는 이름을 갖고 있었다. 크리스틴Krystyn은 아일랜드식 이름이 아니다. 테이프 플레이어의 버튼을 세게 누르는 딸깍 소리, 내가 두 손으로 체육복 반바지 위를 툭툭 두드리면서, 주위를 둘러보며 다른 아이들의 다리가 움직이기를 기다리던 게 기억난다. 나는 운동을 잘했지만 특별

* 아이리시 댄스에서 여성이 신는 발레 슈즈 비슷한 신발.

히 잘하는 종목은 하나도 없었다. 펄쩍 뛰고 발을 구르는 아이리시 댄스가, 종아리에 단단히 동여맨 검은 끈과 하드 슈즈가 바닥에 딱딱 부딪치는 소리가 좋았다. 내 첫 스포츠. 긴 검은 머리에 주근깨가 많았던 선생님은 체육관 한가운데에 검은색 카세트 플레이어를 놓고 음악을 틀었다. 언제나 똑같은 테이프, 똑같은 지그*, 내 연습이 끝나고 난 뒤 주근깨 가득한 깡마른 긴 다리를 가진 위 학년 여학생들이 들어오면 나왔던 똑같은 릴**. 그 당시에는 빨간 머리에 주근깨가 있는 게 흔치 않다는 사실을 몰랐다. 집에 돌아온 뒤 내 방에서 눈을 감아도 음악이 맴돌았다. 그 시절, 내가 네 살, 다섯 살, 여섯 살 때 어떤 기분이었는지, 불행했었는지 떠올려 보려는 중이다. 불행한 기억을 떠올려 마땅하겠지만 기억에 떠오르는 건 주로 춤이 곧 시작될 거라는 걸 알면서 자리에 서 있던 때의 기분이다.

이 이야기는 내가 온전히 기억하지는 못하지만 일어났다고 믿는 일에 대한 이야기다. 우리 집처럼 아이가 여섯 명인 대가족의 아이들에게는 저마다 고유한 이야기가 있는데, 이것이 내 이야기다. 처음으로 페슈feis***에 나갔을 때 나는 다섯 살이었다. 릴이 시작되었을 때 나는 춤을 추지 않고 제자리에 우뚝 서 있었다. 배운 대로 치맛자락만 꽉 붙들고 있었다. 마룻널이 연신 덜거덕거렸다. 바깥에서는 가는 비가 내리고 있었지만 우리 머리 위에는 천막이 있었다. 아니, 어쩌면 비가 왔다고 생각하는 건 그게 나쁜 기억이어야 하기 때문일지도. 손에 꽉 쥐고 있었던 천의 촉감을 기억하는 건, 그 나

---

* 6/8 박자의 아일랜드 전통 춤곡.
** 4/4 박자의 아일랜드 전통 춤곡.
*** 아일랜드, 스코틀랜드의 연례 예술제.

이의 내가 팔을 움직이지 않는 방법은 그것뿐이어서였다. 사람들은 내가 경쟁심이 강하다고 한다. 아버지를 닮아서, 형제들을 닮아서 지나치게 경쟁심이 강하다고. 그러나 이 이야기 속에서 나는 경쟁하지 않았다. 투쟁으로 가득한 인생을 돌아볼 때 가장 선명하게 떠오르는 건 그렇게 꼼짝 않고 서 있던 그 순간이다. 모든 것이 느려졌다. 수많은 기억 속에서 아버지는 화가 나 있지만 내가 춤추지 않았던 그때 아버지는 화를 내지 않았다. 아버지는 무대로 올라와 나를 데려갔다. 나를 안아 들었던가, 손을 잡고 데려갔던가? 나라는 아기를 안고 있는 아버지 사진을 본 적이 없었다면 나는 아버지가 나를 한 번이라도 안아 준 적 있다는 사실을 믿지 않았을 것이다.

내가 한때 춤을 췄다는 사실을 내가 아는 건 이야기들이, 사진들이 존재하기 때문이다. 그리고 이렇게 오랜 세월이 흐른 뒤에도, 그 누구에게도 보여 준 적 없지만, 내가 아직도 춤추는 법을 알고 있다는 사실 덕분이다.

기계

The Machine

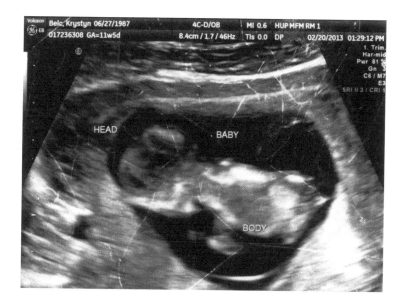

대기실의 여자들은 나를 보고 달가워하지 않았다. 크리스마스이브 오전, 다섯 살배기를 무릎 위에 올려놓고 앉은 채 나는 채혈을 기다리고 있었다. 손이 옹알이를 하거나, 딸꾹질을 하거나 아니면 가만히 있을 수 없는 조그만 다리를 움직여 부스럭거리며 소리를 낼 때마다 대기실의 여자들이 고개를 돌려 그 애를 바라보았다. 벌써 아기가 있는데 내가 왜 이곳에 와 있나? 그러나 손은 내 아기가 아니었다. 나는 '이 아기를 낳은 건 내 파트너입니다'라고 적힌 플래카드라도 들고 있고 싶었다. 아기가 없는 여자들을 위한 이 대기실 안에서 나는 임신을 하려는 여성들의 공간을 침범한 침입자이고 앤드로진이며 트랜스 부모였다. 나는 최대한 꼼짝도 하지 않고 앉아 나지막이 숨을 쉬며 내 몸속을 느끼고 내 자궁이 비어 있는지 아닌지를 확인하려 애썼다. 간호사는 채혈을 한 뒤 혈중 hCG 농도 수치가 좋네요라고 말할 만큼 충분한지 확인한 다음 초음파를 찍어야 한다고 말했다. 그들은 임신입니다라는 말은 하지 않았다. 임신이라는 말을 입에 담지 않았다. 물론 현재의 또는 미래의 아기에 대한 언급 또한 없었다. 그들은 그저 의사가 이소성異所性이 아닌지 확인할 겁니다라고 했다. 배란기 시작일이 고작 12일 지난 시점이었다. 나는 괜찮다고, 몇 주 더 기다리겠다고 했고, 그러자 그들은 이소성 임신으로 목숨을 잃을 수도 있다고 했다. 나는 알고 있다고 대답했지만, 너무 많은 검사도, 너무 많은 시술도 원치 않았으므로 거절했다. 별것 아닌 일로 가운을 입을 생각은 없었다. 임신하기 전 임신클리닉 의사는 마지막으로 한 지 10년도 더 지난 골반 검진을 요구했다. 나 같은 사람들은 협박을 받지 않는 한 골반 검진은 하지 않는다. 나는 그 부위―여성의 신체 부위―를 확인하고 비정상인지, 정상인지 또는 단순히 그것이 그 자리에 있는지를 확인하고 싶지 않다.

나는 아직 5주도 안 된, 임신일지도 모르는, 어쩌면 이번에는 가능성이 있는 상황에서 검진을 받길 원치 않는 내 바람과, 내 뱃속에서 혈관이 터지고 피가 홍수처럼 출렁이게 될 일말의 가능성을 재어 보았다. 쇼크. 죽음. 이소성Ectopic: 제자리를 벗어남. 따지고 보면 사실 아닌가? 의사 선생님께 말씀드려야겠네요, 간호사는 말했다. 나는 카 시트에 앉아 있는 숀을 내 옆 바닥에 내려놓고 카운터 앞에 서서 기다렸다. 간호사와 의사가 내가 최대한 빨리 다시 내원하길 얼마나 강하게 설득할지를 놓고 대화를 나누는 가운데 나는 발로 숀의 카 시트를 흔들어 주었다. 일반적인 검사를 거부하는 바람에 그들은 나를 수상쩍게 보았다. 병원에는 프로토콜이 존재했다. 무모하게 굴면 위험해지는 건 내 목숨뿐만이 아니라고 했다. 얼마간의 협상 끝에 나는 추가 진료를 두 번이 아닌 한 번만 받는 데 동의했다. 간호사는 다시 유리창 뒤로 돌아갔고, 이를 딱딱거리는 소리, 서류 부스럭거리는 소리, 타자 치는 소리, 그렇게 작디작은 새 생명을 한 주하고 반 뒤에 처음 만나게 된다는 진료 예약이 잡혔다.

첫 번째 질 초음파를 받은 것은 임신클리닉에서였다. 임신 6주하고도 5일 차였다. 윤활제를 바른 굵직한 검사봉이 내 몸속에 들어가 있었다. 나는 숨을 참고 애나의 손을 잡은 채 다리를 벌렸다. 의사는 나를 쳐다보지 않았다. 오직 화면만 빤히 바라보았을 뿐이다. 화면에 보이는 내 몸 안이 털로 덥수룩한 것처럼 푸슬푸슬해 보여 신기했다. 숨을 참았다. 의사가 내 몸 안에서 봉을 움직이자 드디어 아기가 보였다. 자궁 내벽에 붙어 있는 소구체, 그리고 잘게 뛰는 심장. 심장 소리를 듣기 전까지는 진짜라고 할 수 없는 셈이다. 태아의 심박수는 5주에서 10주 사이 분당 85회에서 170회까지 증가한다. 우리는 팔딱팔딱 뛰는 소리를 듣고, 수치를 확인했다. 분당 124.5회. 저 흐릿한 점은 아마도 아기가 될 것이다. 의사는 저녁 특별 메뉴를 읊는 종업원처럼 건성으로 태아의 상태는 평범하고, 좋아 보이고, 기타 등등입니다라고 했다.

배아는 첫 번째로 식물의 삶을 살고, 두 번째로 동물의 삶을 살며, 세 번째로 특정 종의 삶을 산다. 인간에게는 물질계가 아니라 천상계로부터 온 지력이 있다. 지력은 천상의 형상들이 불어넣는 것이며, 이 천상의 형상들이 인간계의 모든 형상을 완성하는 것이다. 통상 오늘날 의학 전문가들은 첫 번째 삶은 비밀리에 숨겨져 있는 것, 두 번째 삶은 발현되어 드러나는 것, 세 번째 삶은 특출나며 눈부시게 아름다운 것이라고 본다.

월경기 여성은 독을 가득 품고 있기에 눈길만으로도 동물을 독살할 수 있으며 요람에 누운 자식을 감염시키고 투명한 거울을 얼룩지게 만든다.
　　　　　　　　　─알베르투스 마그누스, 『여성의 비밀 *De secretis mulierum*』
　　　　　　　　　　　　　　　　　　(13세기 후반~14세기 후반)

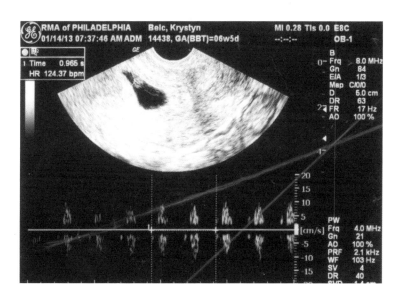

알베르투스 마그누스의 『여성의 비밀』 표지에는 말랑한 몸에 굳은 표정을 한 어른 두 명이 모호한 생식기를 가진 모호한 형상으로 그려져 있다. 이들은 가운데에 커다란 아기를 두고 양쪽에서 아기 손을 잡고 있고, 성인의 절반이나 되는 크기로 그려진 이 거대한 아기는 이제 막 걸음마를 할 단계로 보이나 어른의 얼굴로 무시무시한 표정을 짓고 있다. 이 책은 인간의 생식을 다룬 초창기 논문이다. 일련의 추측과 추정으로 이루어진 이 책은 애초 수도사들을 지도하기 위해 만든 여성 신체에 관한 교과서였으나 중세에 널리 읽히며 몸속에서 새로운 인간을 만들어 내는 방법에 대한 많은 이들의 생각에 영향을 미쳤다. 첫 산전 진료일, 숀이 애나의 품에 안겨 젖을 먹는 동안 조산사는 내게 병력을 물어 왔다. 나는 임신 8주 차였다. 우리는 교외의 분만센터, 숀이 태어난 분만실 바로 위층에 있는 검사실에 있었다. 얼음이 얼고 모든 것이 회색빛인 1월이었다. 진료를 특별한 일정으로 만들어 보려고 우리는 길 건너에 있는 와와에 간식을 사러 들렀지만, 카 시트에 고정된 숀이 한 시간 내내 울음을 그치지 않아서, 우리는 와와에 도착한 뒤 긴장한 채 손에 집히는 대로 간식을 골라 들었다.

손이 태어났던 날 밤, 늦은 밤 애나가 잠든 사이 내가 바로 이 와와에 들러서 애나를 위한 오레오 밀크셰이크, 그리고 와와에만 있는 특별 메뉴라고 생각하는 음료를 샀다. 자판기에서 파는, 블랙커피가 반, 달고 걸쭉한 코코아 반으로 이루어진 코코아 커피였다. 손이 태어난 건 후덥지근한 7월 밤이었는데도 코코아 커피는 그럴싸하게 잘 어울렸다. 아파하는 애나를 보며 속이 뒤틀리는 기분으로 온 하루를 보낸 뒤, 마침내 이 모든 일이 끝난 뒤에 마시는 따뜻하고 달달한 음료가 반가웠다. 애나가 손과 함께 분만센터 침대에 누워 있는 사이 나는 탯줄 혈액 샘플을 길 건너 연구소로 가져갔다. 샘플을 제출한 뒤 와와 안에 혼자 줄을 서 있는 나는 처음으로 부모가 되어 있었다. 나는 분만센터의 축축한 잔디 위를 걸어 내 새로운 삶을 향해 나아갔다.

손은 내 남동생한테서 따온 이름이지만 그 애는 나와는 아무 혈연관계가 없다. 내 안에서 자라는 새로운 아기는 콩깍지만 한 크기였다. 인터넷에서는 다들 태아의 성장을 흔한 과일이나 채소에 빗대고 있었다. 분만센터에서의 첫 진료일, 조산사가 내 혈압을 쟀다. 그녀의 손은 단단하고 강인했다. 손이 태어났을 때 받아 주었던 그 조산사였다. 아래층 분만실, 내 아내가 욕실 바닥에 주저앉아 고통의 비명을 지르는 동안 그녀가 차분한 표정으로 욕조 가장자리에 걸터앉아 있던 모습이 기억났다. 아기 머리가 요만큼 보이네요, 어느 시점에선가 그녀가 말하면서 양손으로 조그만 다이아몬드 모양을 만들어 보였다. 나도 아기 머리가 얼마만 한지는 안다고요, 애나는 그렇게 대답했었다. 나는 대체로 건강했지만 질문지 중 정신 건강에 관한 항목에 다다랐을 때 조산사의 말은, 무척이나, 느려졌다. 체크박스에 표시를 하고 메모를 했다. 난 불안했고, 식이장애 병력이 있었고, 젠더 디스포리아에 시달렸다. 이번 일은 당신에게 어떻게 느껴지나요? 그녀가 물었다. 지금까지는 괜찮아요, 나는 그렇게 대답하며 콩깍지만 한 아기가 머지않아 수박만 해질 거라는 생각을 했다. 내 온몸이 겪고 있는 확장을 생각했다. 여성이어서는 안 되는 나의 몸이 점점 더 여성으로 변해가리라는 생각을 했다. 조산사는 나를 보더니 애나에게로, 그리고 또다시 내게로 눈길을 옮겼다. 아시겠지만 애나가 당신 아기에게 수유를 할 수도 있어요. 당신이 직접 수유를 원치 않는다면요. 조산사의 말대로였다. 조산사는 오래된 컴퓨터에 뭐라고 입력했다. 분만센터에는 초음파 기기가 없었다. 초음파 촬영을 원한다면 병원에 가야 했다. 초음파를 찍으면 안심될 수도 있지만 한편으로 불안감이 커질 수도 있어요. 조산사가 말했다. 나는 예, 예약할게요,라고 했다. 아직까지도 나는 아이와 전혀 연결되어 있지 않은 기분이었고, 내가 이 일을 도대체 어떻게 해낼지, 내 간식 바구니는 어디에 있는지도 전혀 알 수 없었다.

아기는 양수 속에 있었다. 드넓은 공간 속, 작디작았다. 나 또한 둥
둥 떠다니는 기분으로 평일마다 내가 일하고 있던 고등학교로 출
근했다. 출산예정일을 알려주는 웹 사이트에 9월 6일이라는 날짜
를 입력하고 즐겨찾기했다. 아침마다 나는 웹 사이트를 확인했고
그러면서 내가 날짜를 세는 것은 임신 기간이 얼마나 남았는지를
세는 것이라는 것, 아기의 몸이 아닌 내 몸에 생각이 쏠려 있다는
사실을 의식했다. 동료와 학부모가 보낸 이메일들 사이에는 웹 사
이트에서 온 이메일들이 섞여 있었다. 아기의 성장을 확인하세요! 아
기에게 손과 발이 생겨나고 있습니다! 클릭해서 자세히 알아보세요! 조
산사를 만나고 온 뒤 처음 겹치던 휴무일에 애나와 나는 바이 바이
베이비Buy Buy Baby에 가서 우리에게 필요 없는 물건들을 만져 보았
다. 보디슈트, 아기 모자. 숀이 아직 젖먹이 아기였기에 이미 아기
용품은 충분하고도 남았다. 애나는 아직 임신한 티가 전혀 나지 않
는 내 배에다가 셔츠를 대보았다. 하지만 아기가 아직 체리만 한
크기였는데도 골반이 커지고 있는 건 느껴졌다. 가슴이 말랑해지
고 일하던 중 뜬금없는 순간 따끔거리는 아픔을 느끼기도 했다. 애
나는 한밤중에도 몇 번이고 깨어 울부짖는 숀에게 수유를 했고 불
면과 수유로 성욕이 줄어들었지만 나는 임신이 내 상상만큼 나를
앤드로진과 먼 존재로 만든 게 아니라는 걸 확인하려는 듯 섹스를

갈구하다시피 했다. 내가 애나가 나를 바라보는 방식이 영원히 달라질 만한 실수를 저지르고 만 걸까? 나는 내가 생각했던 그 사람이 맞기는 할까? 넌 아직 괜찮아, 섹시해, 아직도 널 사랑해, 그녀는 그렇게 말한 뒤 곧바로 돌아누워 잠들었다.

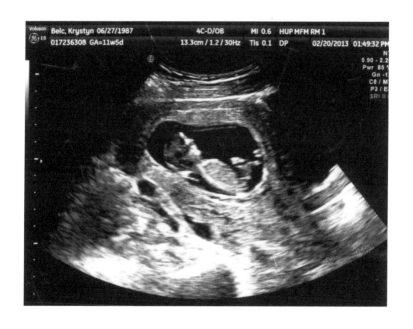

두 번째 초음파 촬영은 병원 안, 애나가 일하는 곳에서 최대한 먼 곳에서 이루어졌다. 우리는 숀을 태운 빨간 유아차를 밀고 유리로 된 널찍한 복도를 걸었다. 병원 가운과 양말 차림으로 거울을 보면서 나는 어쩌면 이번에야말로 내 안에 아기가 있다는 사실에 행복해질지도 모른다고 생각했다. 초음파 검사실 밖에 있는 사물함 안

에 출근복을 넣어 두었다. 치수가 큰 카키색 바지, 단추 달린 셔츠, 스니커스, 넥타이. 어쩌면 직장 근처 가족계획협회를 지날 때마다 걸음이 느려지는 일도 오늘 이후로는 없을 거라고. 자기혐오에 찬 채 그곳에서 멀어지는 일도 없을 거라고. 그동안 간절히 바랐던 아이를 갖기 위한 여정이 시작되었다. 아침마다 나는 루이보스 티를 한 잔 마신 뒤 몇 분 동안 책상에 머리를 대고 엎드려 있었다. 동료들은 몸 상태가 어떠냐고 물었고 나는 그때마다 괜찮다고 해야 했다. 애나는 내 속을 진정시키려 아마존에서 레몬 탄산수를 몇 박스나 주문했다. 아마존에서 탄산수를 사는 사람이 어디 있어? 내가 물었다. 애나에게 나의 임신에 대한 이야기는 한마디도 하지 않았다. 중요한 건 토기가 밀려온다는 사실인 양 굴었다. 하등 소용없는 일 같아서였다. 이미 일어난 일이니까. 초음파 촬영이 끝난 뒤에 우리는 기념으로 쉐이크쉑에 갔다. 물결 모양 감자튀김과 초콜릿 셰이크를 시켜 놓고 애나는 자꾸만 나에게 기분이 어떠냐고 물었다. 좋아, 나는 자꾸만 그렇게 대답했다. 행복해. 임신 중이니까 마음 놓고 짭짤하고 기름진 감자튀김을 밀크셰이크에 모두 찍어 먹어도 될 것 같은 기분이었다. 다음 날 어머니에게 초음파 사진과 함께 카드를 보냈다. 어머니가 어떤 기분이실까요? 상사가 물었다. 놀라시겠죠. 내가 대답했다. 손이 아직 어려서요? 상사의 물음에 나는 엄마는 내가 아기를 가지는 종류의 사람이라고 생각해 본 적 없었을 거예요,라고 대답했다.

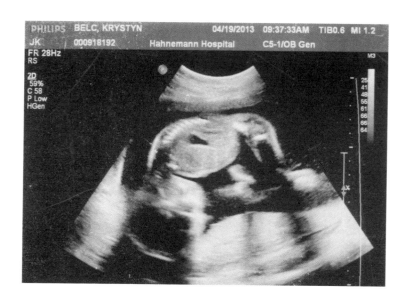

초음파 사진의 어떤 면이 우리가 아기를 안다고, 아기와 연결되어
있다고 생각하게 만드는 걸까?

애나는 초음파 사진을 회색 상자 안, 어린 시절 내 사진들 아래에 간직했다. 난 초음파 사진은 오래전 없어졌을 거라고 생각했다. 초음파 사진이란 내가 간직할 만한 종류의 사물이 아니니까. 초음파 사진은 내 어린 시절 사진 아래에 있었다. 굵직한 빨간 테 안경을 쓴 어머니, 보행기에 탄 나, 콧수염이 있는 아버지, 버트와 어니, 빅버드와 엘모 인형에 파묻힌 채 요람에 누운 나, 내 형제 마이클이 당근 범벅이 되어 유아용 식탁 의자에 앉아 있는 모습, 롱아일랜드의 뒤뜰, 아일랜드 아기라고 적힌 턱받이, 마이클은 보행기를 타고, 지금의 내가 쓰는 것과 똑같은 뉴욕 제츠 모자를 쓴 아버지가 정원 의자에 앉아 내가 걸음마 하는 모습을 지켜보는 모습.

자주 있는 일은 아니지만 내 자궁을 생각하면 황폐한 겨울 숲이 떠오른다. 발자국 하나 없는 눈밭, 앙상한 나무들. 혹독한 강풍. 십 대와 이십 대, 생리가 끊긴 기간 나는 그것이 내가 애초부터 여성이 아니라는 증거라 여기고 자랑스러워하다시피 했다. 내 몸 안에서는 아무 일도 일어나고 있지 않았다. 올바른 방향으로 제대로 움직이고 있지 않았다. 열다섯 살 때 나는 음식 먹기를 중단하고 내 몸을 굶겨 복종시켰다. 필라델피아 센터시티에 있는 하네만 대학 병원에서 나는 의료기사에게 아이의 성별을 알고 싶지 않다고 말했다. 이미 뇌, 심방 두 개와 심실 두 개가 있는 심장을 확인했다. 팔 두 개, 다리 두 개. 있어야 하는 대로 몸속에 완전히 들어간 척추. 의료기사는 우리가 자매 아니면 사촌 아니면 친구라고 생각했다. 그녀가 평소 보는 사람들—혼자 온 여자들—과 다르기 때문인지, 우리의 행동 때문인지 궁금했다. 검사실 한쪽에 앉아서 가만히 미소만 짓고 있던 애나. 이제는 연년생 두 아이를 어떻게 감당할지 망설이고, 언제나 그렇듯 나를 어떻게 감당할지를 망설이면서, 발로는 손의 카 시트를 흔들고 있었다. 이 야생의 길들여지지 않은, 자라고 매주 더 커지는, 이제 폭발하기까지 절반쯤 온 이 몸을 어떻게 만져야 할지, 어떻게 함께해야 할지. 그날 밤 나는 웨스트 필라델피아에 있는 우리 집, 낡아 빠진 작은 오븐이 있던 부엌에서 비넨슈티히 케이크를 만들었다. 이스트를 섞은 반죽, 부순 아몬드, 커스터드 크림. 몸속에서 아기가 몸을 뒤집는 가운데 나는 케이크 가장자리에 주걱으로 커스터드 크림을 펴 발랐다. 내가 만든 케이크는 제과점 진열장 안에 있는 케이크 같았다. 빛이 났다. 오로지 나만을 위한 이 케이크를 자르자 아몬드가 바삭 하고 부서졌다. 나는 조리대 앞에 서서 케이크를 먹으며 사진을 바라봤다. 임신 후반부는 순식간에 지나가. 맥주를 홀짝이며 손에게 젖을 물려 재우던 애나가 말했다.

끝이 없는 유도심문: 좋아 보이네요. 기분도 좋죠? 엄청 설레죠?

20주 차 초음파 검사를 하고 며칠 뒤, 애나의 생일. 오전에 이케아에 가서 시나몬 번을 먹고 새 접시 몇 장을 샀다. 가는 곳마다 사람들이 우리를 쳐다보며 우리가 무슨 사이인지 궁리했다. 여자, 아기, 그리고 트레이닝 반바지에 탱크톱을 입고 있는, 알 수 없는 임신한 사람. 처음 만난 뒤부터 애나와 나는 이케아는 레즈비언 바의 연장선과 마찬가지라는 농담을 했지만, 우리 가족은 그 안에 딱 맞아떨어지는 법이 없었고, 이제는 어쩐지 이곳과 한층 더 가까워진 동시에 더 멀어진 것만 같다. 퀴어들도 아이를 가지지만 나 같은 사람이 임신한 모습을 나 역시 거의 본 적이 없다. 밤에 혼자 있을 때면 가끔 아기가 있는 자리에 손을 올리고 우리 둘이 이 일을 함께 겪어 나간다는 평화로운 기분을 느끼기도 했지만, 집 밖에 나가면 내 몸이 얼마나 노출되어 있는지, 얼마나 뜻밖의 것인지 의식하지 않을 수가 없다. 우리가 뭘 하고 있는 거지? 그런 생각이 멈추지 않았다. 그렇게 내 신체가 말도 안 된다는 기분으로 여러 날이 흘러갔다. 나는 애나의 생일 저녁으로 치킨프라이드스테이크, 매시트포테이토, 그레이비를 만들어 새로 산 접시에 차려 놓았다. 손은 매시트포테이토가 담긴 대접을 그대로 자기 머리에 쏟아 버렸다. 나는 맥주를 몇 모금 마셨지만 맛이 이상했다. 이완되기는커녕 위험과 수치심으로 가득한 맛이었다.

내 안에 거꾸로 자리한 아기 사진은 같은 주수에 찍은 숀의 초음파 사진 옆에 놓여 있었다. 그때 우리는 숀이 남성 성별을 지정받을 것임을 알고 있었다. 초음파 촬영을 하고 온 뒤부터 나는 아기의 성별을 알아보지 않은 걸 후회하기 시작했다. 후회는 날이 갈수록 깊어지고, 후회에 따라오는 죄책감 역시 마찬가지였다. 초음파 촬영 전에는 깊이 생각지 않았던 일이었다. 당연히 알아야 할 필요는 없었다. 하지만 어쩌면 알아야 했던 건지도 모르겠다. 초음파를 통해 무언가를 알게 될 거라는, 그래서 아기에 대해 더, 어쩌면 덜 설레게 될 거라는 생각을 받아들였다는 사실은 나에 대해 무엇을 알려주는가?

우리는 숀을 봐 줄 베이비시터를 부른 뒤, 사우스저지 최고의 4D/HD 사설 초음파 센터로 향하는 차 안에서 먹을 밀크셰이크를 샀다. 이곳은 내가 결코 속할 수 없는 장소였다. 아기의 성별을 사람들에게 알리는 파티를 여는 사람들이나 가는 곳이었다. 센터는 교외 깊숙한 곳에 있는, 세련된 고급 주거 건물에 있었다. 모든 것이 티 한 점 없고 또 은밀했다. 병원처럼 느껴지지 않도록 설계되었지만 검사실마다 기계들이 버티고 있었다. 그 센터의 존재 이유는 오로지 이 기계들이었다. 이 센터는 일반적인 24주 차 초음파까지 기다릴 수 없는 가족들이 15주 차에 아기의 성별을 조기에 알아낼 수 있는 설비를 갖추고 있다고 홍보하는 곳이었다. 다양한 패키지가 있었다. 3D 사진, 4D 영상, 아기의 심장 박동을 재생하는 곰 인형. 가장 인기 있는 패키지는 최대한 빨리 아기의 성별을 알아내고, 몇 주 뒤에 다시 와서 아기가 얼마나 자라고 또 변했는지를 영상을 통해 확인하는 패키지였다. 분홍색과 파란색 사진 액자며 기념품도 있었다. 이곳은 우리의 모든 신념을 거스르는 곳이었고, 우리가 이곳에 왔다는 걸 아는 사람은 숀의 베이비시터뿐이었다. 침대에 누우며 나는 이 임신의 모든 것이 수치심으로 뒤범벅되어 있다고 생각했다. 남성 임신이라는 수치심. 아기의 성별을 알고 싶어 한다는 수치심. 행복이 찾아올까? 우리는 사진 몇 장만 받을 수 있는 최소한의 패키지를 선택했다. 임신 23주 차였다. 셔츠를 걷어 올렸다. 돈까지 내고 참여한 시스템을 얼마만큼 혐오할 수 있을까?

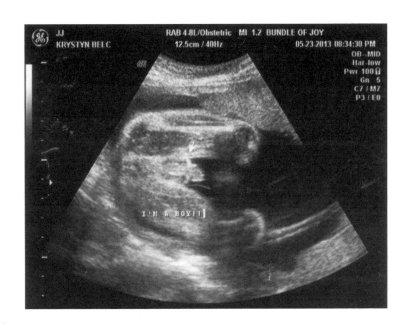

태아가 깃든 집의 둥글고 단단한 표면을 만져 보는 것만으로 알수 있는 것들은 별로 없다. 사람들은 몸은 좀 어때요, 하고 묻기 전아들이에요, 딸이에요?를 먼저 물었다. 사람들은 내가 아기의 성별을 알고 있을 거라 예상했다. 초음파 촬영에는 의미가 있다고 생각했다. 내 부모님은 내가 아들인지 딸인지 미리 알아보지 않았다.

1987년 내가 어머니의 몸속에 있을 무렵 태아의 성별을 확인하는 사람은 지금만큼 많지 않았다. 나는 부모님께 왜 내게 크리스틴 마리라는 이름을 지어 주었는지 물어본 적이 있었지만 만족할 만한 답을 얻지는 못했다. 양가의 가족 중 크리스틴이나 마리라는 이름을 가진 사람은 아무도 없었다. 친한 친구들 중에도 없었다. 사회 보장국 자료에 따르면 1987년 태어난 여아 중 크리스틴Krystyn이라는 이름을 가진 아기는 31명이었다. 그냥 그 이름이 마음에 들었다, 아버지는 말했다. 약은 먹지 말렴, 어머니는 말했다. 약을 먹었는데 생긴 아이는 너뿐이었단다, 그리고 몇 시간 뒤에 약효가 떨어진 느낌이 왔지. 그것이 왜 내 이름은 크리스틴인가요?에 대한 어머니의 답이다. 반면 형제들은 전부 가족한테서 따온 이름을 가졌다. 마이클 토머스. 숀 패트릭. 라이언 조지프. 때문에 나는 나를 만나러 플랫부시에서 맨해튼으로 오던 그해 여름의 토요일, 부모님은 내가 아닌 다른 누군가를 기다렸을 것만 같은 기분이 든다. 이를테면 마이클 토머스를. 부모님이 병원으로 간 경로를 생각해 보기도 한다. 어느 터널, 어느 다리를 지나갔는지. 브루클린, 윌리엄스버그. 그런 것들이 중요하다. 몇 시였는지, 얼마나 어두웠는지. 분명 아버지의 흰색 혼다 시빅을 타고 있었을 것이다. 나는 그 차가 1994년 로커웨이의 차고에 물이 찼을 때 폐차되었던 것을 기억한다. 빛바랜 사진이며 문서가 든 상자들과 함께. 난 옛날 사진들을 다시 찾아보는 데 큰 흥미가 없는 사람이고, 친구가 숀의 초음파 사진을 찾으면 어머니가 내 초음파 사진을 간직했는지 궁금해진다. 우리 집에는 자식들이 많아서 부모님은 내가 태어난 날에 대해 아무 말도 해 주지 않았다. 그 시절 태아 초음파 기술은 상용된 지 약 30년밖에 안 되었음에도, 그것은 이미 임신을 바라보고 경험하는 방식을 완전히 바꿔 놓은 뒤였다. 이전 세대들은 임신을 하면 그저 희망을 부여잡고 매달릴 수밖에 없었다.

최초의 초음파 기기는 환자가 물에 몸을 담가야 작동되었다. 가슴까지 오는 물속에 상의를 벗은 채 서 있는 남자들이 등장하는 사진들이 남아 있다. 그 옆, 세탁기만 한 금속제 상자 옆 스툴 위에 의료기사가 앉아 있다. 그 시절의 초음파 기기는 넋을 빼놓을 것 같은 거대한 기계다. 오늘날의 초음파 기기는 보다 친숙한 형태로, 작은 책상 위에 놓인 컴퓨터처럼 생겼다. 초음파는 사진을 촬영한다기보다는 음파를 이용해 태아를 상상한다. 기계는 아기를 보는 것이 아니라 아기가 어디에서 시작되고 끝나는지를 감지하는 것이다. 산과 초음파의 역사 초기에 이 기계는 오직 아기의 머리 부분만 촬영할 수 있었다. 오늘날 학자들은 발달 중인 태아의 거의 모든 신체 부위에 대한 정상 범위를 계산해 냈다. 초기 초음파 기기 개발에 참여한 엔지니어 존 E. E. 플레밍에 따르면 우리가 초음파를 통해 태아를 상상할 수 있는 정도는 아마도 거의 정확성의 정점에 도달했다.

초음파 기기는 아기가 아들이라고 알려 주었다. 기계를 쳐다보면서 우리는 아기의 몸을 보고 있다고 생각했지만 사실은 그저 반향을 보고 있는 것이었다. 음향 측량을 통해 만들어진 구조의 이미지다. 나를 향해 음파가 쏘아진다. 기계는 우리에게 이런 식으로 무언가를 알 수 있다고 말한다. 그 시커먼 반향 속에서 무언가를 볼 수 있을 것이라고 말이다. 무언가 중요한 것, 심지어 반드시 필요한 것을. 그건 움직이는 사진이다. 휘젓는 팔, 몸을 뒤집는 아기, 벌린 다리. 아래쪽에서 찍힌, 뒤집는 중간에 찍힌 아기의 사진. 태아 초음파가 개발된 뒤 의사들은 태아가 움직인다는 사실을 밝혀냈다. 마치 그전까지 우리가 몰랐다는 듯이. 마치 우리가 그 움직임을 느낄 수 없다는 듯이. "나는 남자예요." 기계는 말한다. 아기는 뒤집고 또 뒤집으며 상상 속에서 자꾸만 새로워진다. '남자.' 그 무엇도 바뀌지 않기를 바랐지만 바뀌고 말았다. 온몸에서, 내 아기가 집이라고 부르는 구덩이 깊은 곳에서 질투가 샘솟는다. 내 아기는 정말 운이 좋다.

아기의 사진을 보고 조산사들은 아기의 콩팥이 너무 크다며 걱정했다. 분만센터 사무실에서 조산사는 자기 무릎에 양손을 얹고 부츠를 신은 발을 스툴 받침대의 금속 원형 틀 속 안에 집어넣은 채 내 맞은편에 앉아 있었다. 나는 컨버스 스니커즈, 농구 반바지, 탱크톱 차림이었다. 다리털을 면도했고, 머리도 삭발한 채였다. 조산사가 내게 누우라 했다. 천장에 실로 연결된 종이학들이 매달려 있었다. 출산을 위해 아직도 운동을 하는 모양이군요, 그녀가 그렇게 말하며 미소 지었다. 내가 아직도 크로스핏을 한다는 사실을 재미있어 하는 것 같았다. 전혀 걱정하는 기색이 없었다. 그녀의 손은 따뜻하고 부드러웠다. 아기 위에 줄자를 대보았다. 평소에는 이것으로 끝이 났다. 모체-태아 전문의를 찾아가 보길 바라요, 콩팥이 괜찮은지 확인하기 위해서요. 그녀가 말했다. 뭔가 잘못될 가능성이 있을까요? 내가 물었다. 꼭 가보셨으면 해요, 그녀는 다시 한번 그렇게 말했다.

18세기 후반 라차로 스팔란차니는 박쥐가 눈을 잃고도 훨훨 날 수 있다는 사실을 알아냈다. 어차피 박쥐는 깜깜한 곳에서 앞을 보지 못하기 때문이다. 모든 것을 볼 수는 없다. 어두운 곳에 무엇이 있는지를 알아내기 시작한 것은 이때부터다. 우리 몸속의 깜깜한 동굴 속 말이다.

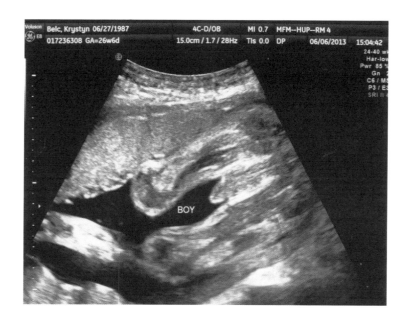

콩팥은 괜찮고 모든 것이 전부 괜찮다고 그들은 말했다. 나는 이름
표 없이는 내가 지금 보고 있는 것이 무엇인지조차 알 수 없었다.
내 몸속에서 어떤 일이 일어나고 있는지 전혀 몰랐다.

1950년대, 미니애폴리스와 덴버의 연구팀들은 초음파 기술로 유용한 진단 결과를 얻는 데 실패했으나, 산과 전문의 이언 도널드가 이끄는 글래스고 연구팀은 성공했다. 초음파의 발전과 그 시사점을 알리는 논문을 쓴 맬컴 니컬슨과 존 E. E. 플레밍은 초음파가 성공을 거둘 수 있었던 까닭은 글래스고가 조선업의 중심지로 군사 장비를 비파괴적으로 시험할 수 있는 장비들을 다수 갖추고 있었기 때문이라고 쓴다. 연구 초기에 도널드 그리고 엔지니어인 톰 브라운은 공업용 탐상기로 초음파의 가능성을 탐구했다. 공업. 군사. 조선. 그들이 내 몸속 아기를 들여다보는 것은 무사함을 확인하기 위해서가 아니다. 흠결을 찾아내는 공업용 탐상기. 최초의 초음파 기기는 그야말로 조선소 장비 같은 모습이었다. 초기 컴퓨터처럼 크고 위압적이었다. 음향 전류가 기계 속에서 압전 결정체를 빠르게 변화시켜, 음파가 우리가 수치로써 읽어낼 수 있는 전류를 발생시키는 기술을 이해하는 사람만 이 기기를 다룰 수 있었다. 초기에 초음파 기기를 작동시키는 건 의료기사가 아닌 과학자의 몫이었다. 그 당시 초음파 기기는 짙은 회색의 커다란 금속 상자였다. 에나멜 외장과 전자회사 로고는 훗날 초음파 기술이 흔히 쓰이게 될 무렵에 덧붙은 것이고, 이는 의료업계가 병원에서의 출산이 모두에게 더 안전하다는 설득을 끝냈을 때쯤이었다.

조산사 한 사람이 내 배를 측정하더니 다른 조산사를 호출한다. 두 사람 다 같은 수치를 말한다. 30. 나는 임신 33주 차였다. 주수에 비해 수치가 적은데요, 모체-태아 전문가를 만나 보셨으면 좋겠습니다. 또요? 나는 말한다. 얼마 전에 만나고 왔는데요. 또 다른 병원에서, 또다시 가운을 입고, 또다시 검사실 앞에 길게 늘어진 플라스틱 의자에 앉아 기다리는 상상을 했다. 배를 측정한 방 한구석에는 나무로 된 흔들의자가 있었다. 분만센터는 이렇게 병원과 집의 분위기가 기묘하게 혼재된 곳이었다. 첫아들이 태어났을 때 나는 분만실 벽에 걸린 모든 그림을 머릿속에 새겨 넣었다. 그림들은 중고품 가게에서 산 듯한 서로 어울리지 않는 액자에 들어 있었다. 큰 침대의 침구는 꽃무늬였다. 의료 기구들은 대부분 서랍 안에 숨겨져 있었다. 힘을 줄 때 잡고 당길 스트랩은 없었다. 삐삐 소리도 나지 않았다. 도플러를 손에 들고 욕조 안에 집어넣어 숀의 심장 박동을 들었다. 애나의 분만에는 세 시간이 넘게 걸렸고 나는 바닥에 있는 금이며 침대 시트에 생긴 주름을 모조리 외워 버렸다. 고단한 하루였다. 조산사가 가운을 입고 마스크를 쓰자 거의 다 끝났다는 사실을 알 수 있었다. 애나가 놀란 것은 그들이 빠른 속도로 세척을 마치고 기구들을 서랍 안에 집어넣어서 금세 다시금 소도시의 민박집에 와 있는 기분이 들었다는 사실이었다. 나는 또다시 다른 병원의 고위험 초음파 검사를 예약했다. 필라델피아의 병원을 모조리 돌고 있네, 애나가 농담을 던졌다. 우리는 분만센터를 택함으로써 남들과는 다른 무엇을 하고 있다고 생각했다.

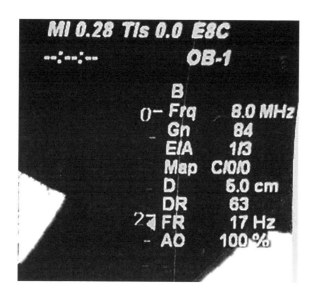

진단용 초음파는 기존에 없던 방식으로 태아의 공동과 연조직을 의료인의 시각에 노출시킴으로써 아기의 신체를 볼 수 있는 혁신적 방법을 제공하였다.

—맬컴 니컬슨, 존 E. E. 플레밍

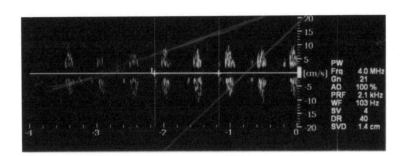

처음 여성의학과를 찾은 것은 열여섯 살 때였다. 어머니가 당신의 담당의에게 나를 데려갔다. 끌고 갔다. 섹스를 한 적 없었지만 1년간 생리를 하지 않자 어머니는 무슨 조치가 필요하다고 했다. 불안하고 부끄러웠던 나는 의사가 질경을 집어넣으려고 할 때 울어버렸다. 나는 내 몸을 다룬 책을 한 번도 읽어본 적 없었다. 자위도 해 본 적 없었다. 거울로 그곳을 본 적도 없었다. 그런 방식으로 내 몸과 연결되어 있지 않다고 느꼈기에 나는 겁이 나고 긴장해 있었다. 수치스러웠다. 의사는 질경을 넣으려 한 번 더 시도해 본 뒤 초음파 검사로 전환했다. 그때 나는 처음으로 내 자궁을 보았다. 내 아기의 첫 집이 될, 푸슬푸슬해 보이는 텅 빈 공간. 나는 노여운 눈물에 흐릿해진 눈으로 기계를 바라보았다. 의사는 생리를 정상으로 되돌릴 수 있도록 피임약을 처방해 주었다. 10년 뒤 다시 병원에서 내 자궁을 보았을 때 그 시절 나는 아기를 가질 마음이 전혀 없었다는 것을 떠올렸다. 열여섯 살. 너무 말라서 가슴이 거의 없고, 배도 거의 없었다. 거의 몸이라고 보기도 힘들었다. 너무 작은, 굶주린 몸. 그런데 난 왜 여기 있는 거지? 다리를 들어 올린 채 검사대 위에 누워 나는 생각했다.

손이 태어났을 때 나는 그 애가 애나를 똑 닮았단 사실이 믿기지가 않았다. 손은 숱 많은 검은 머리에 초음파 촬영에서 본 것과 똑같은 들창코를 가지고 태어났다. 애나의 20주 초음파 검사 직후, 아기 이름을 손이라고 짓고 싶다고 말했던 그 밤 나는 술에 취해 있었다. 나 역시 아기와 연결되고 싶었지만, 그 말을 하기가 부끄러웠다. 우리 아기의 일부가 되지 못한다는 게 괴롭다고 말하는 것도. 손이 태어나는 순간 나는 그 애가 애나의 연장선상이나 되는 듯 사랑하게 되었고, 때문에 나는 탯줄을 내 손으로 자르지 않았다. 애나와 나의 친구인 재클린이 그 일을 해 주었다. 두 사람을 영원히 단절시키는 그 행위를 하고 싶지 않았다. 내가 품은 아기가 태어나면 나 역시 그 애를 상대로 같은 감정을 느끼고 싶었다. 애초부터 그래서 시작한 일이었다. 애나가 했던 일을 하면서, 아기에 대한 감정을 더 일찍 느끼기 위해서. 우리는 두 아기의 터울이 가깝기를 바랐다. 언제나 서로의 곁에 존재할 수 있도록.

열여섯 살의 첫 여성의학과 검진에서 나는 아무 말도 하지 않은 것 같고, 했다 해도 기억나지 않는다. 임신 기간의 진료들을 돌아보면, 아직 트랜지션하지 않은 시점이었는데도 내 목소리를 지금의 목소리로 상상하게 된다. 차분하고, 깊고, 확신에 찬 목소리. 처음부터 그래야 마땅했던 목소리. 아기는 내가 어떤 사람이 되어야 할지 알려 주었다. 이제는 그 누구도 내가 아기를 가진 적 있을 거라고는 생각지 않는다. 어린 시절의 내 목소리, 겁에 질린 높은 목소리는 떠올리고 싶지도 않다. 나와 어울리지 않으니까. 그날 이후로 나는 이 몸을 10년이나 더 지니고 다닐 수 있을 만큼 강해졌다. 애나와 내가 우리 가족에게 간절히 필요로 했던 그 사람을 만들기 위해서. 우리의 몸이 괜찮은지, 아직도 그 애를 세상으로 내보내기 위해 함께 애쓰고 있는 것이 맞는지 확인하기 위해 수많은 의사들,

수많은 기계 앞에 앉으면서. 샘슨Samson, 우리는 그 애한테 이 이름을 붙이기로 했다. 강인한 맨손으로 사자를 죽인 인물이다.

다시 맨 처음 갔던, 애나가 일하는 병원. 색상으로 구획된 긴 복도, 운동화와 옷가지를 쑤셔 넣었던 사물함. 온 사방에 표지판이 붙어 있다. 모체-태아 의학과. 검사실, 기계. 측정: 머리, 뇌, 심장. 팔, 다리. 정상입니다, 그들은 말했다. 전부 평균이에요, 의료기사가 말했다. 다만 골반에서 좀 낮은 위치에 있네요. 그녀가 말했다. 그건 제 눈에도 보이네요, 내가 대답했다. 의료기사는 내가 치른 곤혹의 대가인 초음파 사진을 한 무더기 건네주었다.

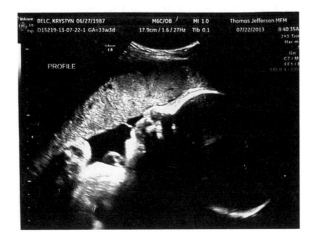

우리가 새집을 구해 도시 반대편으로 이사를 간 건 내가 임신 8개월 차에 가까워진 무렵이었다. 그 전에 살던 아파트는 좁아서 아기 하나를 키우는 게 고작이었다. 벽장도 없고 아기를 위한 안전 설비도 불가능했다. 우리는 두 아들의 방을 만들어 주려고 무독성 페인트를 샀다. 평일 밤 나는 연립주택 계단으로 페인트 통을 끌고 올라가 홀로 작업에 착수했다. 일주일에 세 번 크로스핏 운동을 해서 건강 상태는 최상이었다. 클린 앤 저크와 버피를 했고, 필라델피아의 거리를 쉼 없이 뛰어다녔다. 몸을 움직이면서. 신체를 벌하면서. 임신 기간을 버텨 내려면 움직여야 했다. 운동을 하고, 방에 페인트를 칠하고, 책과 주방 가전을 거대한 이삿짐 상자에 싸는 일은 내가 아직 내 몸을 통제할 수 있다는 기분을 느끼게 해 주었다. 이 몸은 나의 것이었다.

친한 친구가 길 건너에 살고 있었다. 어느 날 친구가 자기 집 현관 계단을 쓸고 있는데 옆집 사람이 그에게 다가왔다.
길 건너 이사 온 부부 알아요?
예.

음, 남자가 임신한 모양이에요.

예, 제가 보기에도 그렇더라고요.

필라델피아의 뜨거운 밤. 손을 재우고 몇 시간이 지난 뒤에도 열린 창문으로 동네 사람들이 고함지르는 소리, 십 대 청소년들이 불법 더트바이크를 타는 소리, 아이스크림 트럭 소리가 들렸다. 학기가 끝났다. 그 뒤에 손을 데리고 피시타운을 걸어서 돌아다니는 긴, 끝도 없이 기나긴 나날이 찾아왔다. 도중에 캔에 든 탄산수를 사고, 또 구멍가게에 가서 아이스바를 산다. 손은 아직도 하루에 두 번 낮잠을 잤고, 나는 무더운 침대에 누워 그 애의 입에 공갈 젖꼭지를 물린 채로 함께 낮잠을 잤다. 어딜 가든 똑같은 소리를 듣는다. 예정일이 언제예요? 9월 6일. 뭐라고요? 그런데 배가 이것밖에 안 나왔어요? 하지만 매일같이 배가 늘어나고 부풀면서 압박감이 느껴진다. 가슴을 숨기려 꽉 끼는 스포츠브라를 입는 것도 그만두었다. 아기는 점점 자라서 아래로 내려갔다. 아기가 일식처럼 나를 가리기 시작했고 나는 나를 되찾고 싶었다.

서 있거나 앉아 있으면 태아가 요동을 쳤다. 시간을 때우려 손을 데리고 운동센터에 갔다. 한구석에 손을 앉힌 빨간 유아차를 세워둔 채로 웨이트를 하고 스쾃을 했다. 덤벨 스러스트를 백 번, 버피를 수십 번 하는 운동 루틴이었다. 내가 몽고메리 애비뉴를 전속력으로 내달릴 때면 내 몸속 아기는 가만히 있었다. 땀에 흥건하게 젖은 채 팔굽혀펴기 기구를 사용하고 있을 때도. 친구들이 쪼그리고 앉아 내가 괜찮은지 확인했다. 우리가 괜찮은지 확인했다. 일주일에도 여러 번, 저녁 식사가 끝난 뒤에 달리기를 했다. 숀이 밤에 잠을 잘 이루지 못하는 게 하루에 두 번이나 긴 낮잠을 자는 탓인 것 같다고 애나가 말하자, 나는 그냥 숀을 늦게 재우자고 했다. 우리는 숀의 유아차를 밀며 때로는 밤 열 시까지 도시를 돌아다니며 시간을 때웠다. 새로 생긴 아이스크림 가게, 새로 생긴 프로즌 요구르트 가게. 우리는 숀이 아이스크림콘을 핥아 먹게 해 주었고, 이사 온 새 동네가 깜깜해진 지 한참 뒤에야 그 애를 자리에 눕혔다.

34주. 35주. 끝이 다가왔다. 독립기념일 파티, 키 라임 파이. 파이에 넣을 연유를 사러 컴벌랜드 스트리트를 걸어가는 길, 자전거에 몸을 기대고 있던 청소년들은 외쳤다. 저거 봐, 남자가 임신했어! 우리는 웨스트 필라델피아에서 열린 파티에 키 라임 파이를 가져갔다. 모두가 술을 마셨고 나와 숀은 세모 모양으로 썬 수박을 몇 접시나 먹는다. 그 파티에서 내가 숀을 안고 찍은 사진이 있다. 숀은 내 배를 양다리로 조르다시피 하는 자세로 내 골반에 걸터앉아 있다. 취한 사람들이 와서 숀에게 수박을 주며 장난스러운 표정을 지어 보였다. 대부분 퀴어인 친구들과 함께 있을 때면 우리는 조금도 이상할 게 없는 존재였다. 우리는 애나와 크리스였고, 우린 모두 대학 시절부터 알고 지낸 사이였고, 다들 예전부터 우리가 제일 먼저 아기를 가질 거라고 생각했다. 우리는 해가 지기도 전에 제일 먼저 떠나면서 차를 향해 가는 내내 소리 내서 웃었다.

숀의 첫 생일. 나는 치즈 파운드케이크를 두 개 만들어서 한 개는 얼린다. 아기를 집에 데려왔을 때 기념하려고, 내가 말했다. 출산 전 마지막 오후들은 소파에 녹아 붙은 채, 아직 일어서지도 걷지도 못하는 손이 바닥에 엎드려 책장을 넘기는 모습을 지켜보며 보냈다. 그 애는 한 시간 내내 책을 보고, 또 토스트 한 조각을 한 시간 내내 먹을 때도 있었다. 애나가 야간 근무를 하는 밤이면 나는 손을 배에 대고 안은 채 창가에 서서 가만가만 흔들어 재웠다. 그렇게 다시 내 침대로 돌아가면 내 몸속 아기가 잠에서 깨 몸을 굴린다. 그 마지막 몇 주간의 평화로운 감각. 출산에 관한 책에서는 진통이 파도라고 생각하라고, 최고조로 솟아오를 때 가장 참기 힘든 것이라고 강조한다.

샘슨이 태어나기 직전에 찍은 내 사진이 한 장 있다. 초음파 사진
이 노란색과 파란색 자석으로 붙어 있는 반들거리는 냉장고 앞에
선 나는 머리와 다리는 위아래로 잘린 채 배만 나와 있다. 왜 내 머
리가 잘려 나갔지? 마치 그 순간 아기는 나 없이도 존재할 수 있다
고 말하는 것처럼. 나는 한 손으로는 골반 부분을 받치고 있고, 엄
지손가락이 내 살을 단단히 파고들어 가 있다. 화면 속 아기의 모
습을 일곱 번이나 봤는데 아기가 진짜처럼 느껴진 적은 한 번도 없
었다. 흑백사진 속 가느다란 이미지는 내가 연결되어야 하는 그 무
언가의 상징이었으나, 사진 속에서 내가 엄지손가락으로 단단히
누르고 있는 이 새로운 인간을 이해할 수 있을 것 같다는 생각이
드는 순간은 한밤중 숀의 방에서 그 애를 얼러 재우는 고요한 순간
뿐이었다. 임신 중에 자신이 부모라고 느끼는 것은 여전히 내게는
미지의 영역이었다. 초음파 사진에는 의미가 없다. 나는 남자예요,
그런 말들도 의미가 없다. 어머니는 나를 임신했을 때 딱 한 번 초
음파 촬영을 했고 내가 아들인지 딸인지는 알아보지 않았다. 알았
다 하더라도 무엇이 달라졌겠는가? 초음파 이미지 역시 나의 분만
을 담당한 의사만큼이나 틀렸다. 아이들이란 언제나 놀라운 존재야,
샘슨의 초음파 사진을 냉장고에 붙였던 그날 애나가 말했다.

나는 내가 출산을 할 수 없다고 생각했지만 내 몸은 아기를 만들었다. 오랫동안 나는 열여섯 살 때 만났던 여성의학과 의사에게 아무것도 하지 말라고, 나를 이대로 내버려 두라고, 나한테는 어차피 그 부위가 필요 없다고 말하지 못했던 것을 후회했다. 그렇게 믿은 이유는 오로지 내가 남성이기 때문에 그래야 한다는 것, 그렇게 부모가 될 가능성을 의식적으로 잊어버리기로 했기 때문이다. 하지만 나는 틀렸다. 나는 내 파트너가 만든 아기 사진 옆에 붙인 이 아기 사진을 자꾸만 쳐다보았고 두 사진은 똑같았다. 우리의 내부는 똑같았다. 조산사들은 내가 힘을 주어 아기를 밀어내는 상상을 하도록 도우려 노력했다. 출산 계획을 세우라고 했다. 나는 아기를 데리고 돌아가는 거요,라고 대답했다. 샘슨의 경우는 다를 수 있다는 생각에 겁이 났다. 나 같은 사람, 여성이 아닌 사람이 지난해 애나가 했던 그 행위를 해낼 수 있을까? 어머니가 했던 일을 할 수 있을까? 이 여성들은 나보다 더 준비되어 있었던 걸까? 아기는 한밤중 몸속에서 나를 쿡쿡 찌르고 마치 내가 욕조라도 된다는 듯 헤엄쳐 다니며 나를 깨웠다. 아기가 거칠게 움직이면 나는 도저히 배를 쳐다볼 수도 없었다. 아기의 팔다리가 내 몸속을 밀어내면 정신이 나갈 것만 같았다. 아기는 더 큰 공간을 확보하고 싶어 했다. 크로스핏을 하고, 늦은 밤 바비큐로 저녁을 먹고, 평소처럼 함께 필라델피아를 목적 없이 뒤뚱뒤뚱 걸어 다니다 돌아온 밤, 나는 아기가 헤엄치는 걸 느끼며 잠들었다가 아픔에 잠에서 깼다. 애나를 깨웠다. 지금⋯ 아마도 이게⋯ 애나는 목욕을 한 뒤에 아픔이 멎는지 확인해 보라고 했다. 멎지 않았다. 아기가 내 몸 밖으로 빠져나오려 하고 있었다. 난 모든 걸 해냈다. 출산 전문 병원, 초음파, 수많은 기계, 깜깜한 내 몸속에서 움직이는 신체 부위들의 사진. 아이를 만난다는 생각에 설렜다. 나는 준비를 마쳤다.

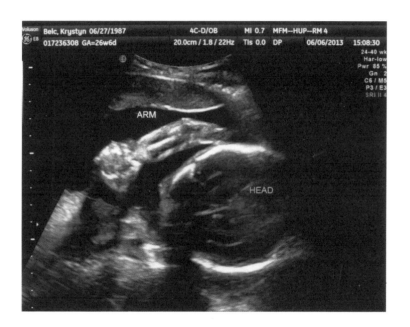

부모님은 내 얼굴은 보았지만 깜짝 놀라고 싶어 성별을 확인하지
않았다고 했다.

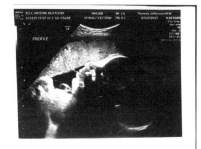

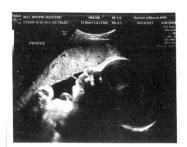

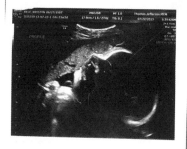

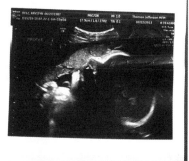

Patient: Krystyn Belc (
Review Date: 8/30/2013 8:42 PM
Order Date: 8/30/2013 8:31 PM
Report Date: 8/30/2013 8:42 PM
Performed Date: 8/30/2013 8:40 PM
Procedure [Final, Reviewed]: Delivery Summary
Diagnosis: TBC--NORMAL VAGINAL DELIVERY (650.)

Patient DOB: 6/27/1987
Reviewed by:
Ordered by:

Birth Summary
  Estimated Due Date: 9/6/2013
  Admission Date/Time: 8/30/2013 4:30 PM
  Birth Date/Time: 8/30/2013 7:34 PM
  Type of Delivery: SVD
  Birth Site: TBC
  Birth Attendant:
  Birth Assistant:
  GBS Status: Negative
Maternal Transfer
  AP or IP Transfer: N/A
Stages of Labor \ First Stage
  Onset Early Labor Date/Time: 8/30/2013 3:00 AM
  Onset Active Labor Date/Time: 8/30/2013 7:00 PM
  Onset of Pushing Date/Time: 8/30/2013 7:28 PM
  Problems First Stage: No
  Family Reaction to First Stage: very supportive
Stages of Labor \ First Stage \ Labor Induction
  Labor Induction: None
Stages of Labor \ First Stage \ Labor Augmentation
  Labor Augmentation: None
Stages of Labor \ First Stage \ ROM Details
  ROM Date/Time: 8/30/2013 7:20 PM
  Fluid Color and Odor: Clear
  Mode of ROM: SROM
  Comments: no VE after ROM
Stages of Labor \ First Stage \ Medications First Stage
  General Medications: None
  Analgesia: None
  Anesthesia: None
Stages of Labor \ Second Stage
  Presentation: Cephalic
  Position: Direct OA
  Problems Second Stage: No
Stages of Labor \ Delivery Details
  Maternal Delivery Position: Squatting(in bathroom)
  Nuchal Cord: Loose, X1(reduced easily after delivery)
  Operative Delivery: No
Stages of Labor \ Third Stage
  Expulsion of Placenta & Cord: Spontaneous
  Cord Vessels: 3
  Appearance of Placenta/Cord: Grossly Intact
  EBL: 350 mL
  Date/Time of Placental Delivery: 8/30/2013 7:47 PM
  Problems Third Stage: No
  Family Reaction to Delivery: tearful, joyous
  Stem Cell Collection: No
Stages of Labor \ Third Stage \ Episiotomy/Laceration
  Episiotomy: None
  Laceration: Perineal 2nd repaired
  Anesthesia for Repair: Cetacaine Spray, 1% Lidocaine IM
  Suture Type: 3-0 vicryl
Stages of Labor \ Third Stage \ Medications Postpartum
  Medications Postpartum: None

종이 위에 남은 말들

First Seen in Print

VR 133 - M - 109024 - 120M - (R6)

DOCUMENT NO. **A 094766**

City of New York	Department of Health	Bureau of Vital Records

CERTIFICATE OF BIRTH REGISTRATION

Below is an exact copy of a certificate of Birth registered for your child. It is sent without charge. If the certificate contains any errors return this copy with the correct information to the Bureau of Vital Records, 125 Worth Street, New York, N.Y. 10013. You will be advised how to have the record corrected. It is important to do this at once.

The reproduction or alteration of this transcript is prohibited by Section 3.21 of the New York City Health Code.

Notice In issuing this transcript of the record, the Department of Health of the City of New York does not certify to the truth of the statements made thereon, as no inquiry as to the facts has been provided by law.

MAYOR	COMMISSIONER OF HEALTH	CITY REGISTRAR

CERTIFICATE OF BIRTH   156-87 - I I 7 8 0 8

Birth No.

DATE FILED
87 JUL 1   P 2: 40

1. FULL NAME OF CHILD	(Type or Print) First Name	Middle Name	Last Name
	Krystyn	Marie	McIlraith

2. SEX	3a. NUMBER OF CHILDREN born of this pregnancy 1	4a. DATE OF CHILD'S BIRTH	(Month) (Day) (Year)	4b. HOUR
Female	3b. If more than one, number of this child in order of birth		June 27, 1987	9:35 ☐ AM ☒ PM

5. PLACE OF BIRTH	NEW YORK CITY	b. NAME OF HOSPITAL, if not in hospital, street address	c. TYPE OF PLACE
	a. BOROUGH OF Manhattan	Lenox Hill Hospital	☒ Hospital ☐ Home ☐ Other

6a. MOTHER'S FULL MAIDEN NAME	6b. MOTHER'S AGE at time of this birth	6c. MOTHER'S BIRTHPLACE, State or foreign country
Helen Bridget Dougherty	27	Brooklyn, New York

7. MOTHER'S USUAL RESIDENCE a. State	b. County	c. City, town or location	d. Street and house number	e. Inside city limits of 7c?
NY	Kings	Brooklyn	1358 East 38th Street	

8a. FATHER'S FULL NAME	8b. FATHER'S AGE at time of this birth	8c. FATHER'S BIRTHPLACE, State or foreign country
Gerald James McIlraith	28	Brooklyn, New York

9a. NAME OF ATTENDANT AT DELIVERY		9b. I CERTIFY THAT THIS CHILD WAS BORN ALIVE AT THE PLACE, DATE AND TIME GIVEN.
Peter Maran	C.N.M. R.N. D.O. M.D.	Signed

Name of Signer Peter Maran, M.D.
(Type or Print)
Address 1430 Second Avenue, NYC
Date Signed June 27, 19 87

Information added or amended		C.N.M. R.N. D.O. M.D.
(Reason)		
Date	City Registrar	

BUREAU OF VITAL RECORDS   DEPARTMENT OF HEALTH   THE CITY OF NEW YORK

Print here the mailing address of mother. ⟶
Copy of this certificate will be mailed to her when it is filed with the Department of Health.

Name	Mrs. Gerald J. McIlraith
Address	1358 East 38th Street
City Brooklyn	State NY Zip Code 11234

1. 크리스틴 마리 매킬레이스 KRYSTYN MARIE McILRAITH

(Type or Print) First Name	Middle Name	Last Name
Krystyn	Marie	McIlraith

로커웨이 비치는 퀸스의 여느 동네들과 똑같이 생겼지만 모든 것에 모래가 얇게 한 겹 덮여 있다는 차별점이 있다. 인도, 집, 덱과정원과 차. 여름이면 동네 아이들이 소화기를 터뜨리고 베이지색의 모래 진흙이 경사진 거리로 쓸려 내려온다. 오후에 해변에서 집으로 돌아오면 어머니는 우리를 줄 세워 놓고 호스에서 뿜어져 나오는 거센 물줄기로 우리의 온몸을 씻어 내리고, 물줄기를 맞은우리의 통통한 허벅지가 꿀렁이며 어머니 쪽으로 모래를 튕겨 보낸다. 어머니는 형제들을 집 앞 인도에 세워 놓고 바지를 벗으라고 하고 그러면 그들은 묻는다. 엄마, 여기서요? 어머니는 그렇다고 대꾸하지만 나에게는 아무 말도 하지 않는다. 나는 혼자 집 안으로 들어와 호스에서 나오는 얼음 같은 물로 몸을 씻어 내고 진흙이 가득 들어찬 수영복 하의를 그대로 입은 채 혼자 욕조에 들어간다. 두 가구가 함께 사는 주택 아래층에는 식구가 이렇게 많은데도 나는 어쩐지 늘 혼자다. 주말이면 나는 옆집 여자아이와 자전거를 타고 돌아다닌다. 자전거 바퀴가 보도블록 위에서 짓이겨지는 소리를 낸다. 그 애 이름도 크리스틴Kristen이고, 그 애 자전거는고물이다. 우리 부모님은 그 애 아버지가 쓰레기 더미에서 그 자전거를 주워 왔다고 생각한다. 아버지는 늘 우리가 그들과는 다르다고 한다. 어느 날 크리스틴은 내게 왜 그렇게 남자 같으냐고 묻는다. 나는 뭐라고 대답해야 할지 몰라 모르겠다고 한다. 우리가 여덟 살 때 크리스틴은 생리를 시작하고 그 이야기를 처음 듣는 사람은 나다. 함께 우리 집 차고에 앉아 팝타르트를 먹다가 그 애가 말한다. 엄청난 이야기 하나 해 줄게. 하지만 그 애는 그 일을 표현하는 이름을 몰라서, 냅킨에다가 B-L-U-D라고 쓴다. 블루드Blued? 나는 묻는다. 냅킨을 들어 햇빛에 비추어 본다. 우리는 같은 학교에 다니지 않아서, 나는 그 애가 나만큼 읽고 쓸 줄 모른다는 사실을 모른다. 아니야, 그 애는 우리 집과 똑같이 짧고 가파른 진입로 끝, 그 애 집 아래에 있는 부모님의 차고로 나를 끌고 간다. 피. 우리한테 일어나는 일이야, 그 애가 속삭인다. 엄마가 그러는데 모두한테 일어나는 일이래. 피가… 몸에서 나오는 거야. 모두에게 일어난다는 그 말이 내게 파도처럼 밀려온다. 이웃들은 모르는 몸, 길들이지 않은 몸, 잘못 만들어진 남자아이의 몸. 우리가 사는 곳에서는 깨끗하다는 기분을 느끼기 어렵다. 모래와 돌조각이 온 동네를 뒤덮고 있기 때문이다. 여기는 아이리시 리비에라*다. 뉴욕의 놀이터다. 로커웨이 비치.

(Type or Print)   First Name

Krystyn

---

* 미국 내에서 아일랜드계 미국인 거주 비율이 높은 해변 지역들의 별칭.

Middle Name

Marie

아버지가 출근한 동안 어머니는 매일 우리를 해변으로 끌고 간다. 우리는 해 뜰 때부터 오후 느지막한 시각까지 모래밭에 앉아 있다. 길고 긴 네 블록을 지나 해변으로 갈 때면 나는 수레를 끌고 어머니는 유아차를 민다. 지나가던 사람들이 걸음을 멈추고 어머니에게 우리가 전부 당신 자식이냐고 묻는다. 해변에 도착하면 아기들은 타월 위에서 낮잠을 자고, 양산을 세워 아기들의 머리를 가려주거나 또 다른 타월로 새하얀 얼굴을 덮어 놓는다. 어머니는 거의 한 시간에 한 번꼴로 우리에게 선크림을 발라 주고 두피에도, 모래 범벅이 된 갈라진 발에도 문질러 준다. 너희는 전부 아빠 피부를 닮았어, 어머니는 늘 그렇게 말한다. 어느 날 125번 스트리트와 로커웨이 비치 대로가 만나는 곳에 사는 동네 사람들이 나를 해변에서 좀 더 놀게 하지 않겠느냐고, 저녁 식사 때쯤 데려다주겠다고 한다. 어머니는 유아차를, 수레를, 나를 바라보다가 알았다고, 하지만 우선 나더러 그 전에 엄마를 도와 인도까지 수레를 끌어다 놓으라고 했다. 나는 어머니 없이 혼자 어딘가에 있어 본 적이 거의 없었다. 거리를 걸어 내게서 멀어지는 어머니를 보자 짜릿했다.

마리에게는 우리를 괴롭히고 모래를 뿌려 대는 오빠가 둘 있다. 그들은 키가 크고 깡말랐고 입고 있는 수영복 반바지는 자꾸만 흘러내린다. 바다를 향해 달려가며 그들은 허리 밴드를 잡고 수영복을 끌어 올린다. 마리와 나는 몇 시간이나 그들을 쫓아 달린다. 줄지어 놓인 무지개색 비치 타월들을 지나 아슬아슬한 인명구조요원 관찰대를 지나 선 베드가 모인 곳에 앉아 있는 동네 사람들을 지나 뻑뻑한 모래 위로 거대한 하얀색 아이스박스를 끄느라 우락부락한 구릿빛 근육이 땀에 흠뻑 젖어 박동하는 이탈리아 아이스크림 행상들을 지나. 마리와 나는 남자아이들을 따라잡지 못한다. 갈색으로 그을린 그들의 등은 언제나 한 발짝 앞에 있다. 나는 그 등을 기억에 새겨 넣는다. 널따란 어깨, 길고 울퉁불퉁한 척추, 햇볕에 탄 피부. 그들은 아름답고 나는 왜 그들을 보면 슬픈지 알 수 없다. 고집스러운 작은 두 발을 녹아내릴 듯 뜨겁게 휘도는 모래 위에 탁탁 꽂아 넣으며 그들을 쫓아 달리는 고통과 갈망. 7월의 태양이 우리를 두드린다. 달리는 동안 모래가 들어가는 바람에 비뚤어진 내 수영복 하의가 허벅지에 아프게 쓸린다. 나는 멈추지 않는다. 우리는 오후 내내 달린다, 나와 마리.

어머니를 나를 보더니 말한다. 아, 크리스틴 마리, 선크림을 바르라고 당부할 걸 그랬구나. 어머니는 내 가운데 이름까지 부르는 일이 거의 없다. 그래서 낯설다. 여느 아이들은 나만큼 자주 선크림을 바를 필요가 없다. 그 뒤로 몇 시간 사이에 피부에 물집이 잡힌다. 다음 날은 내 이름이 뭔지도 기억나지 않을 만큼 아파하며 침대에 누워 보낸다. 피부가 비늘처럼 변하더니 물집이 터지며 축축하고 끈끈해진다. 나는 침대에 누운 채 이런 고통을 겪을 가치가 있었다고 온 마음을 다해 믿는다. 차가운 알로에는 미끄럽지만 알로에를 발라 주는 어머니의 손은 거칠다. 오븐 장갑을 잘 쓰지 않아서다. 그럴 시간이 어딨니, 어머니는 그러면서 오븐 속 시트 팬이나 미트로프를 맨손으로 끄집어내고 펄펄 끓는 칠리에 빠진 숟가락도 손을 넣어 건져 낸다.

2. 헬렌 브리짓 도허티 HELEN BRIDGET DOUGHERTY

6a. MOTHER'S FULL MAIDEN NAME

Helen Bridget Dougherty

네 어머니는 이야기를 해 준다. 네 어머니는 영어로 이야기하는데, 그건 네가 그녀에게 제발요, 폴란드어 말고요, 제발 영어로 말하려고 노력해 보라고요,라고 했기 때문이다. 그녀는 문장 중간에 말을 끊고는 마치 머릿속 깊은 곳에 있는 단어를 끌어올려 보려는 듯 손짓을 하기 시작하고, 그녀가 영어 문구를 기억하지 못할 때면 너는 하고 싶은 말을 폴란드어로 해도 된다고 허락해 준다. 네가 번역을 해서 어머니에게 필요한 단어를 알려 준다. 아하! 네 어머니가 말한다. 우리 모두 웃는다. 나, 너, 네 어머니. 우리의 공통 언어에 담긴 얼버무림이 우스워서, 상대를 이해시키려 애쓰는 게 우스워서. 너는 차를 마시고 나는 별로 마시고 싶지 않은 차가 가득 담긴 뜨거운 머그를 들고 있다. 이 집에서는 싫다는 말을 할 수 없어서 모든 걸 다 해야 한다. 엄마 기분 좋아지게 딱 한 입만 마셔, 문화적인 거라니까. 뉴저지의 내 부모님 집에서 돌아오는 길 차 안에서 네가 말했다. 설탕 그릇은 찬장 안에 있다. 부탁해야 할지 직접 일어나야 할지 알 수 없다. 이 집에선 차에 우유를 넣는 사람이 없다. 모든 것이 번역으로만 전해진다. 멍청해, 도시가 서서히 가까워지며 점점 커지는, 조지워싱턴 다리 위에서 나는 말한다. 뉴욕으로 건너가는 동안 숨을 참은 채 GPS에 뜬 검은 주 경계선을 쳐다본다. 너의 가족 덕분에 이 도시가 달라 보인다─그 아름다움, 소란, 모두가 서로와 맺는 가까운 거리, 차에 탄 나와 너의 가까운 거리. 퀸스를 떠났을 때 나는 여덟 살이었고 너와 함께 돌아가자 그 마법은 사라졌다. 퀸스의 갑갑한 아파트에서 기다리고 있는, 그들. 내 부모님 집을 떠나고 40분 뒤, 나는 네 가족의 저녁 식탁에서 일어날 실책과 오해에 단단히 대비한 채 차에서 내렸다. 침묵. 하지 않은 수많은 말. 내가 그들의 딸을 빼앗아 갔다는 말. 나를 만나기 전에는 남자만 만났던 딸. 진짜 남자. 단 하루, 우리가 가족인 척하려고 모두가 억지 애를 쓴다. 난 그들의 딸이 아니다, 아들도 아니다. 나는 절대 차를 마시지 않는 어떤 사람이다. 퀸스에서 나는 어머니가 오븐에서 너무 오래 익힌, 숙성은 너무 짧게 한, 우리 가족의 칠면조를 해체하며 몸체에서 곧바로 가슴살을 얇게 썰어 내는 모습을 상상한다. 어머니는 절대, 절대 내 말을 듣는 법이 없다. 등뼈를 따라 칼집을 내서 가슴살을 전부 잘라 낸 다음에 써세요. 집을 떠나기 전 나는 어머니에게 한 번 더 상기시켜 드렸다. 온도계를 쓰세요, 하얀색 팝업 버튼* 같은 건 무시하시고요. 어머니는 그래 그래 그래라고 하더니 내게 사돈댁에서 즐거운 시간 보내라 하며 눈을 찡긋했다. 어머니가 말을 할 때면 나는 그 의미를 언제나 정확히 알아듣는다.

* 시중에 판매되는 추수감사절용 냉동 칠면조에는 고기가 익으면 튀어나오는 하얀 플라스틱 버튼이 꽂혀 있다.

나는 학생이 제출한 숙제 뒷면에 마커 펜으로 최대한 신속히 지도를 그린다. 네 어머니에게 아이들을 맡기는 게 미덥지 않지만 오늘은 다른 수가 없기에 스트레스를 받고 있다. 네가 어릴 때, 네 어머니는 홀로 너와 네 형제들을 데리고 폴란드 횡단 열차에 올랐다. 그 모습을 상상해 본다. 너와 피트와 잭과 네 어머니, 너의 배낭, 너의 어린 시절 앞머리, 땋아 늘인 뒷머리, 하지만 상상할 수 없다. 난 그런 어머니를 본 적 없으니까. 내가 신발을 신는 동안 네 어머니는 아이들에게 점심으로 무얼 먹여야 하느냐 묻고 나는 땅콩버터 젤리 샌드위치라고 답한다. 그녀는 그것을 어떻게 만드느냐 묻는다. 나는 빵을 두 조각 꺼내서 그다음에, 아, 신경 쓰지 마세요, 제가 만들게요 하고는 샌드위치를 만들고, 내내 샘슨은 내 다리에 매달리고, 숀은 내게 언제 돌아오느냐고 묻는다. 아무리 늦어도 세 시 사십오 분,이라고 대답한다, 마치 세 살배기한테 그 말이 무슨 의미라도 있다는 듯이. 숀에게 시계는 그저 벽에 걸린 동그라미다. 오늘은 부모에게 시간이 없는 또 다른 하루일 뿐이다. 나는 언제나 시간에 쫓기고, 언제나 충분히 주의를 기울이지 못하며, 내가 버는 돈은 전부 오늘 오지 못하는 베이비시터에게 들어가는 것만 같다. 숀에게 오늘은 월요일이 아니라 그저 오늘이고, 그 애를 돌보기 위해 뉴욕에서 그 애 할머니가 갑작스레 찾아왔다. 바브차babcia가 놀이교실에 데려다주실 거야, 나는 말한다. 재미있을 거야, 그렇게 알려준다. 놀이교실은 육아를 수월하게 하고 싶을 때 가는 곳이다. 지친 엄마들과 유모들이 공짜 차를 음미하는 곳이다. 아이들이 핥지 않기를 바랄 수밖에 없는 낡은 플라스틱 장난감들, 이야기 나누기 활동, 골드피시 크래커와 건포도가 담긴 접시가 있는 곳. 시간이 째깍째깍 지나간다. 몽고메리 애비뉴의 오래된 갈색 벽돌 교회로 가는 길을 네 어머니에게 말로 설명할까 하다가, 지도를 그리기로 한다. 놀이교실을 찾아가는 길은 땅콩버터 샌드위치를 만드는 것보다 어렵다. 너는 이런 말을 했다. 바르샤바에 땅콩버터가 처음 들어왔을 때 그걸 어떻게 먹어야 하는지 아무도 몰랐어. 우린 아마 햄샌드위치에 버터처럼 넣으면 될 거라고 생각했어. 그러다 버터와는 다르다는 걸 알게 됐지만, 결국 햄처럼 버터랑 같이 넣었지.

여기가 프랭크퍼드예요, 하면서 나는 이 길은 필라델피아의 중심가 중 가장 좁은 길 중 하나라는 사실을 무시한 채 남북으로 뻗은 굵은 길을 그려 넣고, 여기가 몽고메리고요, 하면서 왼쪽으로 꺾어 강, 고속도로, 교회로 이어지는 가느다란 선을 그린다. 철로를 등지고 돌아서세요. 네 어머니는 지도를 건네받으며 연한 하늘색 눈으로 나를 바라본다. 고맙구나, 그녀가 말한다. 네 어머니의 어떤 점이 나를 이토록 거슬리게 하는지 꼬집어 말하기가 힘들다. 아마 대체로 내 문제일 테지만 요즈음 나는 그런 자기 성찰에 빠질 시간이 없다. 종일 남의 집 아이들을 가르친 뒤 세 시 사십오 분 나는 집 안으로 뛰어 들어오고 손은 자기들이 놀이교실까지 가지 못했다고 말한다. 바브차가 유아차 방향을 잘못 틀었어요, 그 애가 말한다. 그래서 우리는 위험한 것들이 있는 데 간 것 같아요. 리하이를 지나면 나오는 터널, 그래피티, 버려진 주삿바늘들, 불길한 그늘과 인도 위에 우수수 떨어진 콘크리트 파편들. 가게도 없고, 다른 유아차도 없고, 놀이교실도 없는 곳. 그곳은 폐허나 마찬가지다. 몇 주 뒤 네 어머니는 장을 보고 오던 길에 집에 돌아가는 길을 잊어버린 뒤 응급실에 가게 된다. 종양이 발견된다. 종양 대부분을 제거하기까지 네 어머니는 그것이 무엇인지 모른다. 교모세포종, 일어날 수 있는 최악의 소식. MRI는 종양의 지도를 보여 주지만 그것으로 알 수 있는 것은 이곳에 무엇이 있을 수 있는가가 전부다. 우리는 그곳에 도착한 뒤에야 진실로 알 수 있다.

뉴저지의 내 부모님 집 부엌에서 어머니가 맞은편 작업대 위에 커다란 빨래 바구니를 올려놓고 옷을 개기 시작하고 있는 가운데 나는 캐러멜을 만들기 시작한다. 설탕과 물을 계량해 높은 냄비에 넣고 불을 켠다. 상단부가 유리로 덮인 것이 아닌, 진짜 불이 나오는 가스레인지다. 어머니는 우리 식구 중 누군가가 가족이 함께 쓰는 넷플릭스 계정으로 게이 영화를 있는 대로 보는 바람에 엉망이 됐다고 한다. 상상할 수 있는 온갖 게이 영화를 다 봤다고. 믿어지니? 어머니는 방금 개려던 셔츠를 작업대 위 구깃구깃한 빨래 뭉치에 도로 집어던지며 묻고, 나는 네, 정말 믿기네요, 하고 대답한다. 어머니가 다시 셔츠를 집어 든다. 마이클인 것 같아. 네 아버지랑 나는 그 애가 게이일 수도 있다고 생각한단다. 어머니가 들고 있던 셔츠는 탈수기로 들어가 형편없는 연극의 소품처럼 위아래로 들썩거린다. 아, 그런 생각까지는 안 해 봤는데요, 나는 대답한다. 그리고 그 말은 사실이다. 내가 있는 이상 퀴어 자식이 하나 더 있는 게 문제가 될 거라고는 한 번도 생각해 본 적 없었으니까. 너는 아이들과 함께 미시간의 우리 집에 있다. 나는 다시금 나 자신으로 돌아간 기분을 느끼고 싶어서, 다섯 명의 동생들, 그리고 만난 지 몇 달밖에 안 된 사이가 아닌 사람들과 함께 있고 싶어서 천 마일을 운전해 동부 해안까지 왔다. 어머니의 아름다운 부엌에서 나는 설탕물로 만든 캐러멜이 달라붙어 검게 타지 않도록 냄비 벽을 주걱으로 긁어 내린다. 열여섯 시간 동안 미시간과 오하이오, 펜실베이니아를 통과하는 차 안에서 테스토스테론의 효과가 나타난 이후로 처음 나를 본 어머니의 눈에 어떻게 보일지 아주 많이 생각했다. 결혼 몇 주 전 스스로에게 주는 선물로 첫 타투를 했을 때 어머니는 큰 충격을 받았다. 우리가 미시간으로 이사가고 몇 달 뒤, 열일곱 살짜리 여동생이 발에 타투를 했을 때는—친구가 바늘로 직접 해 줬다고 한다—내가 알기로 아무도 그리 놀라지 않았다. 자기 말로는 상어 지느러미라는데, 뒷마당에서 함께 맥주를 마실 때 남동생 중 하나가 말했다. 그냥 삼각형으로만 보여. 모두가 타투보다 더한 일이 있다는 걸 알게 된 뒤니까. 어머니는 아직도 아까 그 셔츠를 붙들고 있고 나는 스토브 앞을 떠나 다른 셔츠를 한 장 집어 쇼핑몰 옷가게에서 파는 것처럼 완벽하게 각을 맞춰 갠다. 그러고는 다시 스토브 앞으로 돌아가 끓는 캐러멜을 살살 젓는다. 대학 시절 나는 너에게 잘 보이려고 연기 수업을 들었다. 기말시험으로 연기한 장면에서 나는 과도로 오이를 깎으면서 남편과 말싸움을 하는 여자 역을 맡았다. 내가 남편—극 속에서는 게이라는 사실을 숨기고 있는—에게 말을 하면서 깎아낸 뻣뻣한 오이 껍질이 한 줄로 둥그렇게 내 무릎 위로 드리워졌다. 대사는 잘했어요, 리허설을 본 강사는 그렇게 말했었다. 하지만 그 인물의 오이 깎는 솜씨는 그보다 서투를 것 같지 않아요? 캐러멜에서 타는 냄새, 살짝 더 익은 딱 좋은 냄새가 나기 시작하자 나는 버터와 크림을 붓는다. 냄비를 젓자 보글보글 끓어오른다. 이렇게 끓어오르기 때문에 높은 냄비를 써야 하는 것이다. 게이가 등장하는 영화를 보는 사람은 많아요, 나는 어머니한테 말한다. 넷플릭스잖아요, 포르노 사이트가 아니라고요. 그 연기 수업 이야기를 너한테 할 때 나는 그 장면의 상대역을 연기했던 남학생을 '동상'이라고 불렀는데 그의 얼굴 표정을 도저히 읽어 낼 수 없어서였다. 그 장면에서 우리는 키스를 해야 했다. 그의 입술은 부드러웠지만 그의 눈 속에는 아무것도, 정말 아무것도 없었다. 나는 어제 세컨드 애비뉴 지하철에서 본 남자를 떠올린다. 이렇게 오랫동안 지하철역을 만드니 마느니 입씨름하다가 드디어 세컨드 애비뉴 지하철역이 생겼다는 게 믿어지니? 그 남자는 가톨릭 학교 여학생들이 그러는 것처럼 긴 검은 머리를 부스스하게 틀어 올려 묶고 있었다. 나도 그런 머리를 했다. 남자는 내 맞은편에 앉아 있었다. 귀여웠고, 딱 떨어지게 맞는 청바지를 입고 있었고, 나는 그의 눈길을 끌려 애썼다. 지금 우리가 살고 있는 작은 마을에서는 모두가 서로의 얼굴을 똑바로 쳐다본다. 다들 인사를 건넨다. 지하철에서 만난 아름다운 남자는 올려다보지 않았는데, 지하철을 탈 때는 그러지 않는 게 예의이기 때문이다. 나는 거기까지 기억난다. 난 너를 십년 넘게 알아왔지만, 처음에는 쉽지 않았다. 내 부모님 때문이었다. 나는 맏딸이었다. 그건 오래전 일이었다. 하지만 일년 만에 집에 돌아온 나는, 내 얼굴을 쳐다보지 않을 그 머리를 틀어 올려 묶은 지하철 안 남자를 원한다. 마이클이 게이면 어쩌게요? 냄비 안에 천일염을 뿌리며 나는 말한다. 어쩌긴, 어머니는 대답한다. 그냥 해 본 말이야. 어머니는 다시 빨래 개기로 돌아간다. 캐러멜이 완성되었다. 완벽하다. 단지에 넣어 파는 그 어떤 제품보다도 색이 진하고, 짭짤하고 씁쓸하고 아릴 정도로 달다.

일전에 너는 퇴근한 뒤에 네가 일하는 응급실에 새로 온 의사로부터 그의 아버지가 겨울을 맞아 플로리다로 가던 중 길가 모텔 방안에서 자다가 평화롭게 심장마비로 돌아가셨다는 이야기를 들었다고 내게 말해 주었다. 누군가에게 죽음을 그런 식으로 말할 수 있다는 건 축복 같았으리라. 깨끗하고 수월한 죽음, 그 누구도 수월한 죽음을 맞이할 수 없는 응급실에서 말이다. 그 의사의 어머니는 모텔 안내 데스크로 가서 여기가 어느 주냐고 물었다고 했다. 내 남편이 침대에서 죽었어요. 네 어머니는 전혀 늙지 않았다. 그녀는 체육 교사로 아직 예순도 안 된 나이에다 탄탄하고 유연한 몸엔 에너지가 가득하다. 가느다란 근육질의 팔, 내 손보다 커다란 힘센 손을 가졌다. 십이 년 전, 너는 부모님이 콜로라도에 집을 알아본다고 말하다가 잠시 침묵하고, 이렇게 덧붙였다. 그런 콜로라도 말고. 왜, 인적 드문 콜로라도. 싸구려 콜로라도 말이야. 그 집은 그들의 첫 진짜 집이었다. 네 어머니는 바르샤바에 아파트를 소유하고 있었는데, 고아원에서 자랐기 때문에 국가에서 아파트를 지급해 그런 어린 시절을 보상해 준 것이다. 때로 너는 그 아파트가 얼마나 작았는지를 이야기하지만 이야기를 거듭할수록 아파트는 점점 작아져서 결국 양팔을 펼치면 양쪽 벽에 손이 닿는다는 데까지 이른다. 네 어머니는 부서진 시계를 선물로 받고도 자랑했던 이야기를 종종 했다. 그녀가 소유한 몇 안 되는 물건 중 하나였다. 누가 시간을 물어 오면 자랑스러워했다. 너는 어머니에게 그 얘기 좀 그만하라고 했지만 소용없었다. 퀸스의 아파트는 아무도 거주한 적 없는 새집처럼 살균 소독된 것 같은 느낌을 풍겼다. 병원처럼. 부모님은 뉴욕에서 십 년 넘게 사셨어. 네가 말했다. 하지만 여기를 집이라고 생각 안 하셔. 네 부모님은 콜로라도로 갈 날을 기다리며 뉴욕에서 계속 세를 얻어 살고 있었다. 우리가 처음 콜로라도주 베일리에 갔을 때, 나는 처음으로 산에 올랐다. 네 부모님 집은 인적 드문 산 위에 있었다. 섹스를 한 다음에 나는 어지럼증을 느꼈고 산소 부족으로 죽는 게 아닐까 하는 생각에 잠을 이루지 못했다. 우리는 바닥에서 섹스를 했는데, 몇십 센티미터라도 낮은 곳이 낫지 않을까 하는 생각을 했고, 또 네 부모님 침대에서 그 행위를 하는 게 소름 끼쳐서였다. 나는 열아홉 살이었다. 네 부모님은 뉴욕으로 돌아가 있었다. 너는 어린 시절 내내 부모님이 폴란드 남부의 산이란 산에는 다 끌고 올라가서 싫었다는 이야기를 했다. 네 어머니는 하이킹을 하기 위해 산다. 나는 한 번도 하이킹을 해 본 적 없었기에 한번 해 보고 싶어졌다. 집 뒷문에 네 어머니가 부츠 두 켤레를 두고 갔다. 우리 셋은 발 사이즈가 똑같았다. 네 어머니한테는 콜로라도 등산 지도가 잔뜩 있었고, 만트라를 휘갈겨 쓴 인덱스카드를 문에 붙여 놓았다. 하이킹을 떠나기 직전에 볼 수 있도록. 전부 주의하지 않으면 자연이 우리를 박살 내 버리는 건 일도 아니라는 식의 내용이었다. 네 어머니가 울적해할 때면 너는 어머니가 혼자 산에 올라가 죽을까 봐 걱정했다. 폭풍우 소식을 알면서도 올라가거나, 어쩌면 산에서 뛰어내릴지도 모른다고. 그녀는 숙련된 산악인이었으므로 만약 그런 일이 일어난다면 너는 그것이 의도한 거라는 걸 알았을 것이다. 하지만 그래서? 어째서 누군가가 우리가 하고 싶은 이야기를 만들어 주려고 우리가 원하는 대로 죽어야 하나?

```
4a. DATE          (Month)         (Day)              (Year)
    OF
    CHILD'S
    BIRTH                    June 27, 1987
```

3. 『메리엄웹스터 사전 *MERRIAM-WEBSTER*』에 따르면 1987년 처음 인쇄물에 등장한 단어들

1. potty-mouthed

상스러운 말을 자주 사용하는

우리가 처음 만났을 때 너는 네가 욕하는 걸 즐긴다고 내게 경고했다. 어쩌면 경고라기보다는 허세였을지도 모르겠다. 그때 난 내 어머니가 떠올랐다. 어머니와 함께 있으면 난 늘 기다리는 사람, 움츠리는 사람이었다. 너는 성마른 성격이었다. 그 점이 좋기도 하고 싫기도 했다. 기억하게 만들었으니까. 개수대 앞에 서서 욕을 하던 어머니. 빨래를 개면서 욕을 하던 어머니. 상스러운 말을 한 다음에 전화 건너편에서 내가 엄마! 하고 다그치기를 기다리던 어머니. 우리가 처음 만났을 때 너는 심리학 박사학위를 따고 싶다고 했다. 연극학 박사학위를 따고 싶다고 했다. 정신과 의사가 되고 싶다고 했다. 런던으로 가서 희곡을 쓰고 싶다고 했다. 또 담배를 피우겠다고, 너는 말했다. 그 부분은 아주 중요했다. 너는 키가 아주 크고 아주 많은 것을 원했지만 나는 오로지 너만을 원했다. 내 어머니 역시 대단한 것들을 원했다. 어머니는 플랫부시에서 궁핍하게 자라난 테니스 챔피언이었다. 우리는 〈배드 뉴스 베어스Bad News Bears〉였어, 어머니는 당신의 팀을 영화 속 교외 아이들에 빗댔다. 나는 그 영화를 본 적 없지만 무슨 의미인지 알 수 있었다. 어머니는 코넬 대학교에 합격했지만 입학하지 못했다. 돈 때문이었다. 어린 시절 가난했단다, 어머니는 말했다. 집에 친구들을 데려오는 게 창피했지. 넌 운 좋은 줄 알아라. 어머니는 끊임없이 청소를 했다. 청소 말고 다른 일을 하는 모습이 잘 기억나지 않을 정도로. 아무리 닦아도 충분히 반짝거리지 않았다. 우리 여섯 아이들은 욕하는 게 금지였다. 나는 한평생 부모님을 어마어마하게 실망시켰지만, 부모님 앞에서 욕을 뱉은 적은 한 번도 없었다. 너는 박사학위를 받지 못했다. 더 이상 희곡을 쓰지도 않았다. 너는 간호사가 되었다. 내 어머니는 기뻐했다. 간호라니, 우와, 나도 그런 걸 할걸 그랬구나. 어머니는 빨래를 개며 애석한 투로 그렇게 말하더니 창밖을 내다보았다.

2. BFF

(비격식) 아주 친한 친구

우리가 활동하던 대학교 럭비 팀이 티셔츠를 만들기 위해 모였다. 바보 같은 짓이었다. 맥주, 페인트, 섬유용 펜으로 티셔츠에 알록달록한 그림을 그리고 서로의 그림에 사인을 했다. 너는 네 티셔츠를 강당 의자에 걸어 두고는 일을 하러 갔다. 이를 어째, 애나가 티셔츠를 두고 갔네, 한 친구가 네 티셔츠를 내게 들어 보이며 말했다. 일하러 간다고 했던 것 같은데, 나는 대답했다. 잘은 모른다는 투로. 네 근무 시간을 모른다는 투로. 우리가 급속도로 가까워졌다고 나는 생각했다. 아무도 몰랐다. 우리는 같은 무리가 아니었다. 네가 보내오는 이메일은 내가 설명할 수 없는 비밀이었다. 조심스레 우연을 흉내 내 마주칠 때마다 전기가 통하듯 짜릿했다. 도서관 안내 데스크 위에 팔꿈치를 올리고 스캐너 위로 몸을 뻗어 네게 그림 그려진 티셔츠를 건네줄 때 모두의 눈길이 나를 향하는 게 느껴졌다. 우리가 다니던 대학교 도서관에는 늘 사람이 많았다, 금요일 저녁에도. 사람들은 네 일터로 너를 만나러 온 나를 쳐다보았다. 너는 예전부터 늘 마지막 타임 근무를 하며 남들이 쉴 때 돈을 버는 걸 좋아했다. 내가 저녁을 먹은 뒤 아이들 목욕을 시킬 때 너는 수술복을 입고 문밖으로 달려 나간다. 내가 잘 자라고 인사할 때 잘 다녀오겠다고 인사한다. 새벽 3시, 저녁에 먹고 남은 끼니가 담긴 밀폐 용기.

돌려줘서 고마워, 너는 티셔츠를 거대한 핸드백에 집어넣으며 말한다. 너는 늘 배낭이 아니라 물건이 가득 든 숄더백에 책을 넣고 다녔다. 여학교, 여자 스포츠 팀. 나는 평생 가장 친한 친구들에게 반하곤 했다. 필드를 달리는 다리들, 펜을 빌려 달라고 하면 배낭 안에 집어넣는 손들. 그렇게 수많은 우정들이 비밀과 말 없는 갈망으로 흐려졌다. 수치심과 거부. 누구나 때로는 이런 기분을 느낄 거야, 나는 혼자 생각했다. 외출 준비를 마친 한 무리의 여자들, 농구를 하려고 신발 끈을 묶는 한 무리의 여자들, 섬세한 발에 신긴 큼직하고 단단한 신발, 향수, 화장, 누군가의 부모에게서 슬쩍해 온 술을 들이마시는 모습. 높은 웃음소리와 내가 피하려 애쓰던 포옹들. 그들이 진실을 알고 난 뒤 이 순간을 돌이켜 보지 않았으면 좋겠어, 나는 늘 생각했다. 내가 바닥에서 잘게. 내가 술을 마시지 않고 운전을 담당할게. 난 언제나 불청객이었다. 우리가 처음 같이 잤던 날 나는 네가 지내던 기숙사 여자 화장실에서 네 칫솔을 빌려 썼다. 우리는 나란한 세면대 앞에 나란히 서서 너는 세수를 하고 나는 이를 닦았다. 너는 웃었다. 여자랑 자면 이런 게 장점이구나, 네가 말했다. 나도 웃었다. 나는 늘 웃었다. 우리가 어떻게 만났냐고 사람들이 물으면 너는 우리가 한 번도 친구였던 적이 없다고 확언한다. 너에게 이것은 처음부터 취미였다. 쉬웠다는 뜻은 아니다. 결코 쉽지 않았다. 그러나 너는 대학에서 너 자신에 관해 알게 됐다. 취미란 자유다. 넌 결코 숨지 않았다. 내가 네 기숙사 화장실에서 양치질을 한 지 11년이 지난 뒤 우리는 허친슨 리버 주차장에 차를 세우고 말도 안 되게 작은 휴게소에 들어간다. 여자 화장실로 들어가

려는 사람들의 줄이 벽을 따라 구불구불 이어져 있고 나는 그 옆을
그대로 지나쳐 남자 화장실로 들어간다. 나는 웃는다.

3. selective serotonin reuptake inhibitor
(선택적 세로토닌 재흡수 억제제)

시냅스이전 신경세포 말단의 세로토닌 재흡수를 막아 세로토닌 비활성화를 억제하는 항우울제(플루옥세틴, 서트랄린 등)

약을 복용하며 너는 섹스를 원치 않게 되었다. 나는 네가 우울해서 화가 난 것이 아니었다. 어떻게 그런 일에 화를 내겠는가? 문제는 네가 나에게 다른 곳에서, 다른 누구와 섹스를 해도 상관없다고 말했는데도 네가 필요했다는 것이다. 아직 대학생이잖아, 너는 말했다. 다른 사람이랑 해. 너는 슬펐고, 그래서 약이 필요했지만, 나는 화가 났다. 내가 친구들과 공부할 때, 아니면 기숙사 방에서 헤드폰을 끼고 옆에 책 무더기를 쌓아 둔 채 혼자 앉아 있을 때, 너는 네 아파트에 틀어박혀 울고 있었다. 볼티모어 애비뉴에 있던, 어른이 되어서 처음 얻은 너의 집. 나는 네가 이케아에서 사 온 밋밋한 나무 테이블에 스테인을 칠했다. 너는 거실 벽에 소파 사진을 테이프로 붙여 두었다. 발레 스튜디오처럼 생겼어, 너는 농담을 했다. 손님이 두 명 오면 우리는 종이 접시에 담은 음식을 바닥에 앉아 먹었다. 너에게는 의자가 두 개뿐이었으니까. 머그는 잔뜩 있었지만 유리잔은 하나도 없었다. 한밤중 너를 발레 스튜디오로 데려다주던 늦은 밤 드라이브들이 떠오른다. 아침에 다시 학교로, 강의실로 돌아가기 전 우리가 했던 섹스가 기억난다. 너와 함께 오르가슴을 느끼기 전 내가 한 번도 오르가슴을 느낀 적이 없다고 고백하자니 부끄럽다. 너는 내 몸에 아무 문제가 없다는 걸 알려 주었다. 내 몸이 어떻게 작동하는지 가르쳐 주었다. 내 몸에서 네가 만지는 부분을 나도 만지는 법을 배웠다. 그전에도 해보지 않은 건 아니었지만 그때는 그저 잘못된 곳에 살이 너무 많이 붙어 있다는 느낌밖에 들지 않았다. 구운 고기에서 다듬어 내는 것 같은 지방. 버려야 마땅한 지방. 개 밥그릇에나 던져 넣을 지방. 벗겨 내고 잡아당겨 잘라 내는 지방. 여기 만져도 돼? 너는 물었다. 이렇게 너를 만져도 돼? 너는 물었다.

4. beer goggles

취기가 올라 전과 다르게 보이는 현상을 고글을 써서 인식이 변한 것, 특히
타인을 실제보다 더 매력적으로 보는 일에 비유하는 것

내가 스물한 살이 되자 너는 내게 첫 맥주를 사 주었다. 예전에 네
가 살던, 그즈음엔 낡아 빠진 갈색 소파와 내가 스트로베리 루바브
색 페인트로 칠한 벽이 있던 발레 스튜디오와는 시내 반대쪽에 위
치한 힙스터 바, 스탠더드 탭에서 파는 야즈 필리 페일 에일이었다.
우리는 고가철도 옆에 서서 기다리며 서쪽, 시내 전체를 바라보았
다. 열차가 어느 쪽에서 온다고 했지? 알딸딸해진 나는 물었다.

우리는 너와 해부생리학 수업을 같이 듣는 여자와 같이 잤는데 그
녀와 나는 취했고 너는 호기심을 느껴서였다. 그녀가 연 파티에서
모두가 그녀의 길고 좁은 주방에 쓰레기를 버렸다. 병뚜껑, 토르티
야 칩 부스러기, 담배꽁초, 쏟아진 와인과 몸들의 냄새가 기억난다.

그녀의 침대는 공공재였다. 거실과 커다란 침실을 커튼이, 어쩌면
그저 허술한 미닫이문이 나누고 있었다. 침대에 협탁은 없고 베개
는 너무 많았던 게 떠오른다. 그녀의 이름이, 그녀가 키우던 크고

털이 북슬북슬한 고양이가 기억난다. 그 파티에 온 사람들은 모두 퀴어거나 최소한 그럴 가능성이 있는 사람들이었다. 수많은 우리가 한자리에 모여 있었다. 잠에서 깨서 갈증을 느끼며 오줌을 누러 갔다. 토한 다음 다시 네 옆에 누워서, 침대 한쪽에서 너와 한데 뒤엉켜 잠들었다. 살면서 유일하게 잠에서 깬 후로도 숙취에 시달리던 때다.

5. degenderize

(말, 글, 행동 등에서) 특정 성별의 언급을 없애는 것

내가 더는 네 여자 친구가 아니게 되면 나는 그저 네 남자 친구가 되는 것이 아니다. 나는 사이의 존재이고 의식적으로 사이에 머무른다. 나는 네 파트너이지만 글쎄, 사람들은 파트너라고 하면 그저 우리가 레즈비언이라는 의미로 받아들이지 않나? 나는 네 연인이지만 우리 또래 사람들은 그 단어를 진지한 의미로는 사용하지 않는다. 나는 네 아내였던 적도, 남편이었던 적도 없다. 내 어머니가 제대로 된 대명사를 써야 한다는 사실을 잊어버릴 때마다 너는 이렇게 조언한다. 그냥 그의 이름을 많이 부르세요. 저도 그렇게 하거든요.

6. in-line skate

속도와 조작성을 향상시키기 위해 바퀴가 한 줄로 배열된 롤러스케이트

네가 임신하기 전 우리의 마지막 데이트 장소 중 하나는 캠던에 있는 롤러스케이트장이었다. 너는 오렌지색 바퀴가 달린 황갈색 롤러스케이트 한 켤레를 빌렸고 나는 1달러 추가금을 내고 검은색 롤러블레이드를 빌렸다. 넌 서툴렀다. 바퀴 달린 키다리게 같았다. 팔다리를 휘적거리며 낄낄 웃기만 했다. 매끈한 하드우드 바닥, 팝음악, 번쩍이는 조명, 많고 많은 아이들. 자꾸만 미소가 지어졌다. 우리는 눅눅한 치즈 감자튀김과 콜라를 마시며 부모님과 온 아이들을 바라보았다. 말도 안 되게 행복했던, 적어도 한두 시간 동안 너와 내가 다른 누구나와 거의 다를 바 없었던 그때.

인라인스케이트가 등장한 것은 아주 오래전, 어쩌면 수천 년 전이다. 네브래스카주 링컨에 있는 국립 롤러스케이트 박물관에 가면 스케이트의 역사가 1819년까지 거슬러 올라간다는 사실을 알 수 있다. 네가 다니던 뉴욕의 고등학교에서 너는 3학년 때 롤러스케이트 수업을 들을 예정이었지만 9·11이 터지는 바람에 없었던 일이 되었다. 학교에서는 3천 명이 넘는 전교생을 다른 자치구에 있

는, 이미 학생이 5천 명은 있는 다른 학교로 전학시켰다. 너는 네가 스케이트를 탈 예정이었던 곳인 허드슨 강변을 보여 주었다. 네가 돌아왔을 때 체임버스 스트리트 지하철역은 여전히 콘크리트 파편으로 뒤덮여 있었고 너는 수영 수업에 등록해 이른 아침 수영장에 다녀와 염소 냄새를 풍기는 젖은 머리로 다음 수업에 들어갔다. 내가 다니던 고등학교에서 고작 한 시간 떨어진 곳에 그런 학교가 있었다는 사실이 놀라웠다. 내 모교는 뉴저지주 버건 카운티 숲속에 있는 커다란 반원형 건물이었다. 학교 앞에 선 거대한 예수상이 등하교 하는 우리를 지켜보는 곳이었다. 그곳에서 몇 시간 떨어진, 내가 너의 연인으로 나를 새로이 발명한 인문대학에서 잠을 자려 눈을 감으면, 내가 있을 곳이 아니라는 기분으로 킬트와 니삭스 차림으로 학교 복도를 걷던 그때가 기억나곤 했다. 너를 만나고 오래지 않아 우리는 한 침대에 누워, 내 기숙사 방에서 10마일 떨어진 필라델피아 국제공항을 향해 낮게 나는 비행기가 내는 금속성 소음을 들었고, 너는 통제력을 잃어버렸다. 나는 충격을 받았다. 너는 흐느끼며 몸을 떨었고, 심장 박동이 잦아들지 않았고, 느닷없는 그 일을 이해할 수 없었다. 한 침대에 드는 법을, 배워 가던, 두 사람.

내게 첫 롤러블레이드가 생긴 것은 교외로 이사한 뒤, 첫 소니 디스크맨이 생긴 것과 비슷한 시기다. 롤러블레이드는 우리를 어딘가로 데려가기 위해 만들어진 물건이지만 열한 살 열두 살 열세 살의 나는 스케이트를 타고 클로버 레인 끄트머리 100야드만 빙빙 맴돌았다. 우리 집은 11에이커 너비의 늪 가장자리에 있었고 널따란 앞마당은 나무가 우거진 습지였다. 세월이 지난 뒤, 서른 살, 부모님 집을 방문한 나는 어머니에게 맨해튼을 도저히 견딜 수가 없다고, 그곳은 언제나 붐비는 공항 같다고, 지하철을 타고 내릴 때 조금이라도 머뭇거리면 다들 금방이라도 고함을 지를 기세라고 말하고, 어머니는 코웃음을 친다. 너야 막다른 촌구석 출신이니까, 어머니가 말한다.

7. messenger bag

종이, 책 등을 넣을 정도로 큼직한 직사각형 가방으로 보통 넓은 어깨끈, 입구와 가방 앞면의 대부분 또는 전체를 덮는 덮개가 달려 있다

어머니는 매년 내게 학교 책가방을 보내 준다. 심지어 내가 학생이 아니라 선생인 해에도. 너는 내 어린 시절을 생각하는 게 싫다고 한다. 너무 슬프잖아, 너는 말한다. 하지만 난 항상 슬프지는 않았다. 아이들은 회복력이 강하니까. 늘 나쁘지만은 않았기에, 나는 어머니가 내게 무언가를 허락했던 때를 찾아 기억을 뒤진다. 학교에 에어 조던을 신고 가는 것은 허락하지 않았다. 성당에 슬랙스와 셔츠를 입고 가는 것은 허락하지 않았다. 머리를 짧게 자르는 것은 허락하지 않았다. 내 방 벽을 빨간색이나 파란색으로 다시 칠하는 것도 허락하지 않았다. 남동생이 가진 데님 침구를 사는 것도 허락하지 않았다. 이불이 묵직하니 침대 밖으로 나오지 않기 때문이었다. 하지만 어머니는 6학년 때 내가 배낭 대신 메신저 백을 사겠다고 했을 때 허락해 주었다. 은색이었다. 계산 줄에 서 있는 동안 어머니는 마음이 바뀌지 않았느냐고 자꾸만 물었다. 어깨가 아플 거란다, 어머니는 말했다. 안 아플 거예요, 나는 대답했다. 어머니와 나는 딱히 모녀다운 사이가 아니었지만 어떤 면에서는 그랬는지도

모르겠다. 남동생들이 지하실에서 만화를 보는 동안 나는 작업대 앞에 앉아 어머니를 지켜보며 요리하는 법을 배웠다. 학교가 끝나고 돌아온 오후면 어머니는 TLC가 출연하는 〈베이비 스토리〉를 보았다. 모든 에피소드에 한 여성의 임신과 출산이 나오는 프로그램이었다. 나도 함께 보았다. 메신저 백을 샀던 그해에 대해 기억나는 것은 많지 않다. 처음으로 '부모 지도하의 감상 권고' CD를 샀다. 메이스의 〈할렘 월드〉였고 속옷 서랍에 숨겨 놓았다. 과학 시험을 망쳤을 때 어머니의 서명을 위조했고 비슷하지도 않은 걸 가드너 선생님께 제출한 뒤 들켰다. 어머니는 내가 제대로 숙제를 하고 있는지 매주 프랑스어 선생님과 통화를 해야 했다. 어느 날 어머니는 지금까지 내가 잃어버린 스웨트셔츠를 전부 찾아내겠다며 학교에 찾아왔고 같은 학년 아이들이 모조리 지켜보는 가운데 내 사물함에 있던 물건들을 바닥에다 쏟아 놓았다. 도저히 믿어지니? 어머니는 바닥에 쌓인 어마어마한 쓰레기 더미를 들쑤시면서 우리가 한 핏줄이 맞는지를 의심하는 표정으로 모두에게 그렇게 물었다. 하지만 우리는 한 핏줄인 게 사실이었다. 나는 1987년 6월 27일 어머니의 몸에서 나왔다. 우리 둘 다 그곳에 있었다. 어머니의 말대로였다. 메신저 백 때문에 어깨가 아팠다. 가방 안에는 교과서가 한 권밖에 들어가지 않았고, 덕분에 학생으로서의 본분을 다하기가 더 어려워졌다. 하지만 그 문제는 금세 해결되었다. 메신저 백 만듦새가 허술한 덕분에 서서히 약해지던 어깨끈과 가방 몸체를 연결하던 섬유가 어느 날 뚝 끊어져 사물함 바닥에 온통 흩어졌으니까.

8. FAQ

특정 주제에 관해 사용자들이 자주 묻는 통상적인 질문들에 관한 답을 실은 (웹 사이트 등의) 문서 ("FAQ를 확인하세요")

네 아버지는 내가 왜 맬컴이라는 가운데 이름을 골랐는지 궁금해한다. '맬컴 X'에서 따온 거냐? 그것은 추궁이다. 네 아버지는 네가 언제 알았는지 궁금해한다. 네 아버지는 우리 아이들도 이해하는지, 그렇다면 어떻게 이해하는지를 궁금해한다. 아이들이 나를 어떻게 이해하는지. 내가 어째서 아이들을 행진에 데려갔는지. 내가 어째서 아이들을 집회에 데려갔는지. 어째서 우리가 그냥 보통 사람인 척 살지 않는지. 그는 네가 정말 네 말대로 오래전부터 내가 트랜스라는 사실을 확실히 알고 있었는지 궁금해한다. 그는 네가, 그의 의견대로라면, 내가 트랜스라는 사실에는 장점이 있다는 사실을 알았으면 한다. 어떻게 보면 나는 우리가 들어갈 새로운 벽장을 연 셈이다. 그는 묻는다, 그러면 이제는 네가 남들과 다르다는 사실을 아무도 몰라도 되는 거 아니냐? 그러니까, 나를 보라. 날 봐라. 난 거의 보통 사람처럼 보인다. 그냥 어려 보일 뿐이다. 그저 부드러울 뿐이다. 그러니까 너는 그저 키가 작고 말도 안 되게 어려 보이는 남자와 결혼했다고 말하면 된다는 소리다. 네 아버지는 내가 나를 그he라고 불러 달라고 한 뒤부터 다시는 나를 포옹하지 않았다. 그렇게 남자가 좋으면 그냥 남자를 좋아하면 되는 것이 아니냐?

네 직장 동료가 우리 가족 다섯 명이 담긴 사진을 보고, 주춤하더니, 묻는다. 아이들은 어떻게 낳았어요? 야간 근무를 마치고 돌아온 네가 아침 식사 시간에 팬케이크를 먹으며 그 이야기를 하자 나는 놀란다. 이제는 아무도 그런 질문을 하지 않으니까. 우리 가족은 그저 엄마, 아빠, 아이들로 이루어진 가족이다. 아무도 특이하다고 생각하지 않는다. 엄마를 닮은 아이들도 있고, 아빠를 닮은 아이들도 있다. 숀과 지지ZZ는 너를 닮았고, 샘슨은 나를 닮았고, 세 아이가 나란히 앉아 있으면 형제처럼 보인다. 유전자의 반쪽, 이 나라 반대편에 자기 가족과 함께 사는 어떤 남자를 공유하니까. 당신 파트너가 아이를 갖기 위해 테스토스테론을 끊었나요?

할머니한테 전화해요, 어느 날 내가 바닥에 누워 숀의 닌텐도 DS로 게임을 하고 있는데 샘슨이 요구한다. 나는 〈슈퍼 마리오 3D랜드〉를 플레이하면서 어린 남자아이로 살아가는 것의 즐거움을 떠올리고 있다. 코인을 주울 때 나는 띠링 소리, 마리오가 벽에서 벽으로 건너뛸 때 나는, 이 작은 몸으로 이렇게 대단한 일을 할 수 있다니 하고 놀란 듯한 효과음. 왜? 내가 묻는다. 할머니한테 왜 크리스를 그렇게 털북숭이로 만들었는지 물어봐야겠어요, 샘슨이 말한다. 다리에도 털이 많고, 배에도 털이 많고. 얼굴에도 털이 많아요. 할머니는 왜 크리스를 그렇게 털이 많은 사람으로 만들었어요? 내가 샤워를 하고 있을 때면 숀은 양손 주먹으로 욕실 문을 두드린다. 거기서 뭐 하는 거예요? 그가 외친다. 샘슨도 가세해 외친다. 그래요, 뭐 하는 거예요? 보지라도 씻고 있는 거예요?

9. thirtysomething

30살에서 39살에 이르는 사람

30대 부모

또는 30대의 사람들에게 관련된

"그저 평범한 30대스러운 장식이었다. 페르시아 러그, 책장들, 추상화, 유리로 된 커피 테이블… 그리고 외국 여행을 갔다가 집어 온 이국적인 장식품 몇 개."

— 말리 스윅

너는 새로운 심리치료사에게 남편이 트랜스젠더라는 사실을 말해야 하는지 내게 묻는다. 너는 파트너라는 말이 어색하게 느껴질 때마다 늘 남편이라고 말한다. 내 문제는 너랑 관련된 게 아니야, 네가 말한다. 네 어머니가 돌아가신 지 3주가 되었다. 때로 너는 우리 아이들 때문에 자아를 상실한 것 같은 기분이 든다. 책을 읽으려하면 누군가가 코를 풀어 달라고 찾아온다. 너는 하염없이 차게 식은 차만 마신다. 나에 관한 사실들을 누락하는 건 거짓말 같지만, 나를 문제의 전부로 전가하려는 심리치료사의 유혹을 뿌리칠 수 있을까? 한때는 여성이었던, 여성이어야 했던, 한 번도 여성이었던 적 없는 존재. 너는 그녀가 타인들의 상상의 파편이라는 사실을 알면서 그녀와 결혼했다. 너는 '결코'라는 의미로 '영원'이라고 말했다. 데님 셔츠에 짓눌린 가슴, 아직도 자신을 이름으로만 불러 달라는, 주저하는 아빠. 집에 오면 그는 후드 달린 옷도, 바인더도 벗어던지고 사각팬티에 양말만 신은 본연의 모습이 된다. 우리 아들들이 다니는 학교에서 온, 그의 옛 이름이 쓰인 편지가 카운터 위에 놓여 있다. 우리를 몇 년간 만나지 않은 친구들은 그가 그들의 기억 속 모습과 완전히 다르다는 사실을 잊는다. 이런 사실이 네 인생에서 가장 중요한 일이 아닐 리 없다. 그렇지? 내 대학원 진학을 위해 우리는 나라 반대편으로 이사했고, 식료품을 사러 가면 계산대 앞에서 공황 상태로 머릿속 계산기를 두드린다. 한 숟가락당 가격이 더 비싸다는 걸 알면서도 아주 작은 병에 담긴 땅콩버터를 살 수밖에 없다. 필라델피아의 우리 집에 사는 남자들이 이혼하기로 해서 우리는 새로운 세입자를 찾아야 한다. 우리가 알기로 한쪽이 바람을 피우고 있다. 우리는 그들을 좋아했다. 그들은 집 안을 꾸미고 늘 제때 집세를 보냈다. 마당 문을 고쳤다. 밀레니얼 세대로서 무언가를 소유하고 있다는 것은 호사이다. 아무리 멀리 있는 집이라 해도. 우리는 그 사실을 알기에, 세상 한구석에 있는 우리만의 작은 집을 간절히 지키고 싶다. 네 어머니는 너를 이해하지도 받아들이지도 않았으나 지금은 죽었다. 너는 고향에서 천 마일 떨어진 이 동네에서 만난 새로운 심리치료사에게 나에 대한 이야기를 해야 할지 고민하고 있다.

10. deathcare

망자의 매장 및 화장에 관련된 제품 또는 서비스를 제공하거나 이와 관련된 것

네 어머니가 돌아가셨을 때 나는 그녀를 보러 가지 않았다. 살아 있는 관, 온종일 잠들어 있던 거실 한가운데 침대에서 온종일 잠들어 있던 그녀의 모습을 본 것이 전부다. 우리가 알기로 그녀는 고통을 느끼지 않았다. 줄에 매달린 크리스마스 전구가 하나씩 어두워지는 것처럼 그녀의 두뇌가 천천히 꺼졌다. 네 어머니와 나는 할 이야기가 별로 없었고 그날 역시 딱히 다를 바 없었다. 나는 퀸스에 있는 네 부모님의 아파트에 앉아서 듀플로 블록으로 공항을 만들고 네 아이들이 네 어린 시절 장난감들을 갖고 놀다가 다음 장난감으로 옮겨갈 때마다 정리를 했다. 네 부모님은 케이블 TV를 한 번도 설치한 적이 없었지만 아이들은 조그만 포켓몬이 잔뜩 들어 있는 통을 찾아서 온 사방에 꺼내 놓았다. 이브이, 잉어킹, 뮤츠, 리자몽이 주사위처럼 굴러다니고 병원 침대 발치에 부딪쳤다. 내 어머니가 준 가장 큰 가르침 중 하나. 무엇을 해야 할지 모르겠으면 청소를 해라. 너는 아이들에게 자꾸만 과일을 먹이고 있다. 넷으로 자른 포도, 낱알로 쪼갠 귤. 아이들은 차례차례 침대에 누운 네 어

머니의 품에 파고든다. 아이들을 아파트 문밖으로 끌고 나가려고 다시 신발을 신어야 하는 복도로 보내면서 나는 지금이 네 어머니에게 마지막 인사를 건네는 순간이라는 사실을 알았다. 나는 그저 평소와 마찬가지로 손을 흔들며 잘 계시라고 한다. 네 어머니는 와줘서 고맙다고 한다, 평소와 마찬가지로. 나는 늘 네 부모님이 내가 너를 데려가 다시는 돌려주지 않을까 봐 두려워한다고 느꼈다. 그 일은 이미 10년 전에 일어났다는 사실을 그분들은 영영 받아들이지 않을 것이다. 나는 장례식에 갈 수 없지만 내 어머니는 참석했다. 어머니는 네 어머니 이름을 잊어서 내게 문자 메시지로 물어왔다. 나는 전화를 걸어 그분의 이름을 알려주었다. 여태 한 번도 소리 내어 말해 본 적 없는 이름. 에바Ewa: 생명을 가져다주다.

4. 제럴드 제임스 매킬레이스 GERALD JAMES McILAITH

8a. FATHER'S FULL NAME

Gerald James McIlraith

다들 샘슨이 내 아버지를 닮았다고 한다. 크고 둥근 머리통, 작고 납작한 코. 돼지 코,라고 어머니는 말하곤 했다. 여름 내내 나와 내 파트너와 우리의 세 아이까지 모두가 내 부모님 집에서 머물고 있었고, 아버지는 아침마다 샘슨을 2층으로 데리고 올라가 출근 준비를 했다. 만화를 틀어 놓고 샘슨을 그 앞에 앉혀 놓은 채로 바보 같은 흰 속옷, 헤인즈 브이넥 티셔츠, 슬랙스와 폴로셔츠를 입었

다. 고급이지만 최고급은 아닌 시계. 실용적인 것. 아버지는 샘슨 옆에 주저앉아 양말과 신발을 신었다. 그는 내가 모르는 줄 알지만 내가 토스트 세 조각에 잼을 바르는 사이 아버지가 한 손으로 엠앤엠즈 초콜릿 한 줌을, 다른 손으로는 샘슨의 작은 손을 붙잡는 모습을 나는 보았다. 닫힌 문 너머에서 내 아버지는 어떤 사람일까? 나는 아버지가 옷을 입는 모습을 한 번도 본 적 없는 것 같다. 어디 갔었니? 토스트가 다 식었잖아, 돌아온 샘슨에게 말했다. 그 애의 깡마르고 꼿꼿한 몸. 인간 막대 사탕. 달콤하고 어렵잖게 사랑할 수 있는. 우리 덩치 녀석, 아버지는 늘 샘슨을 그렇게 부른다.

나에게 아버지 되기에 관해 내가 알아들을 수 있는 형태로 처음 말해 준 사람은 내 아버지와는 하나도 닮은 데가 없는 이였다. 참을성 많은 수학 선생처럼 온화한 얼굴에 철 테 안경을 쓴 남자였다. 그가 섬세한 손놀림으로 화이트보드 위에 포물선을 조심스레 그려 내는 모습이 눈에 선했다. 그는 싸 보이는 금시계를 끼고 있었는데 나는 그 시계가 반팔 옥스퍼드 셔츠, 점심으로 먹을 수프를 담은 보온병, 단정한 교사 책상 위 스프링 제본된 성적 기록부와 썩 어울릴 거라 상상했다. 호텔에서 아침 식사를 하는 사이, 나는 세 아들 모두를 챙기기엔 손이 모자라다. 와플을 뒤집고, 주스를 따르고, 싸구려 플라스틱 디스펜서를 흔들어 시리얼을 부었다. 아이들은 오전 내내 호텔 소파에 늘어져 만화영화를 보았다. 설탕을 입힌 시리얼, 텔레비전이 있는 침실. 아이들에게는 호사다. 아이들의 첫 호텔 숙박이다. 울적하고 밍밍한 커피를 한 모금 마시고 있는데 그 남자가 우리에게 다가왔다. 나는 긴장했다. 내가 남들 눈에 어떻게 보이는지 아니까. 하지만. 제 아들들이 그만한 나이일 때 낚시에 데려갔답니다. 그날을 사진으로 남겨 놓아서 정말 다행이지요, 그는 말했다. 우리 둘 다 아버지라고 그는 생각한 것이다. 똑같은 두 사람. 그럼, 잘 있으시오! 그는 그 말을 남기더니 호텔에서 아침 식사를 먹다가 만난 낯선 남자, 어린 아들에게 아버지 노릇을 하던 자기 자신을 연상시키는 한 남자에게 다가온 자신의 대범함에 스스로 놀란 듯 느릿느릿 멀어졌다.

유치원에서 가족 댄스파티가 열리던 날 샘슨은 사라져 버렸다. 방금 전까지만 해도 댄스 플로어 한가운데에서 빙글빙글 도는 금발이 보였는데 다음 순간 온데간데없었다. 그 애를 찾아 이리저리 돌아다니는데 샘슨의 목소리가 들렸다. 우리 아빠 어디 있어요? 아이는 구석에서 한 교사의 셔츠 소매를 잡아당기고 있었다. 누구? 교사는 그 애한테 물었다.

우리 아빠요, 우리 아빠를 찾고 있어요, 샘슨은 말했다. 교사는 주변을 둘러보았다. 마침내 우리의 눈이 마주쳤다. 샘슨이 내 얼굴을 꼭 닮지 않았더라면 그녀가 나를 눈여겨보았을까? 내가 누군가의 아빠로 보이기는 할까?

아빠한테서 태어난 애들은 별로 없어요, 그죠? 샘슨은 번번이 이렇게 묻는다. 나는 고개를 끄덕인다. 그러면 난 특별한 거죠?

난 샘슨에게 나를 아빠라고 부르라고 한 적이 한 번도 없다.

다섯 살 때, 동네 체육관에서 농구 연습을 마친 내게 어떤 남자가 다가와 메리 매킬레이스의 친척이냐고 물었다. 제 고모세요, 나는 대답했다. 성 프란치스코 살레시오를 나와 집을 향해 네 블록 걸어가면서 나는 아버지에게 그 이야기를 들려주었다. 그분이 그러는데

제가 농구하는 모습이 고모랑 똑같대요, 내가 말했다. 굉장한 칭찬이구나, 그러면서 아버지가 내 머리카락을 흐트러뜨리는 바람에 포니테일로 묶은 머리에서 몇 가닥이 풀려 나왔다. 당시에 우리는 셋이었지만 남동생들은 집에 있었다. 잠깐이지만 나는 아버지의 아들이 된 것 같았다. 무척 빠르고, 무척 강인한 나를 누군가가 알아보았다. 굵직한 정강이, 처음 가진 농구화. 둥글고 산뜻하며 질긴 촉감을 가진 새로 산 농구공을 팔에 끼고 있었다. 난 좋은 아들이 될 수 있었을 거다.

어머니는 나와 아버지 사이의 갈등이 내가 고등학교 1학년 때 시작된 거라고 했다. 아버지는 출근길에 나를 차에 태워서 성심聖心 아카데미 앞 순환 진입로 앞에 내려 주었다. 나는 배낭을 둘러메고 니삭스를 끌어 올린 다음 학교 안으로 진입할 준비를 하며 온몸을 긴장시켰다. 여학교. 몇 달 뒤 나는 아버지에게 전학을 가고 싶다고 했다. 가톨릭 학교가 나와 안 맞는 것 같아요. 그냥 공립학교에 다니면 안 돼요? 아버지는 안 된다고 했다. 우린 마음에 안 든다는 이유만으로 그만두는 그런 사람들이 아니다, 그가 말했다. 우리. 아버지는 예전에도 동아리며 스포츠 팀을 놓고 그런 말을 했었다. 아빠는 이해 못 해요, 나는 말했다. 그런 게 아니었다. 나는 똑같은 수업을 들을 터였다. 기하학, 우등 영어, 우등 프랑스어. 같은 수업을 그저 다른 건물에서 듣겠다는 거였다. 아버지가 끝까지 허락하지 않자 우리는 차 안에서 더는 대화하지 않았다. 〈아이머스 인 더 모닝〉이며 뉴욕 교통정보에 귀를 기울였다. 어머니는 15년이 지난 지금까지도 아버지가 그때 받은 상처를 지니고 있다고 한다. 차 안에서 그렇게 말 한마디 없이 매일 아침을 보냈는데, 아버지가 달리 어떤 생각이 들었겠니?

내가 태어난 지 고작 몇 달 지났을 때 아버지 쪽 삼촌인 존은 당신이 자기 딸에게 한 것처럼 아버지더러 나를 수영장에 집어던져야 한다고 부추겼다. 존 삼촌은 아기에게 수영을 가르치는 방법은 그것뿐이라고 믿고 있었다. 그러나 아버지는 도저히 그럴 수가 없었다. 내가 자전거를 배울 나이가 되자 아버지는 존 삼촌이 로커웨이 비치의 우리 집 위층에 살던 할머니를 뵈러 찾아올 때까지 기다렸다. 아버지는 비치 125번 스트리트를 달리는 나와 내 반짝이는 분홍색 허피 자전거에서 도저히 손을 뗄 수가 없었던 것이다. 존 삼촌은 커다란 손으로 하얀색 안장 뒤쪽을 잡고 반 블록쯤 나를 밀고 가다가 여름 햇살 속에 나를 놓아 주었다. 거리는 모래투성이였다. 모든 것이 모래로 뒤덮여 있었지만 나는 넘어지지 않았다. 그 모습을 아버지가 보고 있었는지는 모르겠다.

호텔에서 아침 식사를 했던 그때, 나는 테스토스테론을 투약한 지 석 달째였다. 우리는 필라델피아에서 서쪽, 어퍼 미시간 지역으로 이사를 가는 중이었다. 필라델피아를 떠난 뒤로 나는 단 한 번도 어머니로 오인된 적 없다.

아버지와 내가 공유한 것 중 하나는 〈로 앤 오더〉였다. 나는 재판을 좋아했다. 재판의 리듬에 몰입하면, 내 정신이 고요해졌다. 시체, 사건, 재판. 시체 사건 재판. 전부 허구였다. 드라마의 배경은 가짜 뉴욕이다. 내가 처음으로 아버지의 아들이 되기를 소망했던 로커웨이 비치가 아니라. 법정은 우리 집 거실의 연장선처럼 느껴졌다. 잭 맥코이의 연설. 아버지와 나는 정치나 종교 이야기는 절대 입 밖에 낸 적 없었다. 오로지 스포츠 이야기만 했다. 할 말이 별로 없었다. 잭 맥코이가 우리의 말을 대신해 주었다. 학교는 어땠냐? 회사는 어땠어요? 아버지가 하는 일이 뭐라고 하셨죠? 요즘은 뭘 배운다고 했지? 같은 말을 할 필요가 없었다. 맥코이가 있었으니까. 방금 아내의 목을 잘랐다고 자백하지만 않았더라면 당신의 애도가 한층 진실하게 느껴졌을 텐데요.

내게 테스토스테론을 처방해 준 임상간호사와 금세 편한 사이가 됐다. 나는 유쾌하고 차분한 트랜스 남성 행세법을 알기에 내 농담에 우리는 함께 웃음을 터뜨렸다. 우리는 크로스핏, 내 직업, 이제 고작 생후 6개월인 셋째 아들 이야기를 나눴다. 샘슨은 세 살, 충분히 이해할 나이,라고 그 애 엄마와 나는 생각했다. 내 파트너는 이렇게 말하기로 했다. 크리스가 태어났을 때 의사는 생김새를 보고 성별을 추측했지만 의사가 틀렸던 거야. 임상간호사는 체크 리스트를 확인한 뒤 다시 나를 바라보았다. 당신은, 그러니까, 분노에 찬 사람은 아닌 것 같은데요, 그렇죠? 그녀는 펜을 종이에 댄 채 그렇게 물으며 내 얼굴을 훑는다. 작고, 낙천적이고, 질 좋은 슬랙스에 줄무늬 셔츠를 입은 나를 바라보면서. 척 테일러 스니커스. 얼굴에 단단히 부착한 미소. 심장 질환 가족력이 있으십니까? 그리고 아이를 또 출산할 계획이 있으십니까? 그녀는 내 분노에 관해 알고자 한다. 나는 나라는 사람에 관해, 지금까지 내가 한 일들에 관해 생각해 본 뒤, 말한다. 뭐, 제 아내는 제가 76번 도로로 진입할 때마다 성을 낸다고 하더라고요. 간호사는 또 웃는다. 누구나 그렇죠, 혈액 검사 결과는 아주 좋아요. 호르몬 처방이 완료되었다.

나는 언제나 아버지가 내가 아들이길 바란다고 생각했지만 내가 아들이 되자 그땐 너무 늦은 뒤였다.

숀 삼촌은 왜 낚시를 좋아해요? 해변에 갔을 때 샘슨이 내게 물은 적 있다. 내 남동생 숀은 물고기를 잡지 않고 그저 손에 맥주를 들고 앉아 물을 바라보기만 한다. 그건 할아버지한테 배운 거란다, 나는 그렇게 대답한다. 내가 만든 내 아들이 내 남동생이 낚시하는 모습을 보고 있다. 나로서는 할 수 없는 일이다. 매년 그들은 아이스박스와 낡아 빠진 낚싯대와 우습게 생긴 모자를 챙겨 몬토크로 낚시 여행을 간다. 남자들 여행,이라고 그들은 말했다. 여동생 캐슬린은 문간까지 따라 나가 그들이 성차별주의자라고 투덜거렸다. 그 애는 낚시 여행을 함께 가고 싶어 했다. 나도 같이 가고 싶었다. 나는 갈망이라는 것을 모르던 시절로 돌아가려 애썼다. 잘못이었다. 나는 스스로를 설득했다. 나는 바다 냄새가, 얼굴에 앉는 소금기가, 비릿한 바람이 싫다고. 엔진이 우르릉거리는 소리, 남자들과 소년들이 웃는 소리. 나는 아무 말 없이 그저 어머니에게 우리끼리, 어머니와 여동생과 나만 특별 외식을 하러 가자고 했다. 우리는 아이스크림을 샀다. 스프링클을 뿌려서 어머니의 킹사이즈 침대에 앉아 그릇째로 먹었다, 우리 여자들끼리.

분노로 얼룩진 시절들이 있다. 고등학교 시절, 대학 시절, 교사가 되고 첫 몇 년간. 음식을 먹지 않고 차 안에 말없이 앉아 있던 고요한 고등학교 시절. 대학에 들어간 초기에는 분노와 불안을 조절하느라 극도로 절제된 삶을 살았다. 오전 7시 30분 식당에 가장 먼저 도착했고 매일 밤 11시에 침대에 누웠다. 여자를 좋아한다는 말은 몇 사람에게만 했고 결과는 그때마다 달랐다. 나한테는 조금 괴상하게 느껴지네, 한 친구는 말했다. 이유는 설명할 수 없지만, 나는 대학교 내에서 열리는 가톨릭 예배에 참석했다. 모인 사람은 얼마 없었고 나는 신부가 하는 말에는 딱히 귀를 기울이지 않았다. 설교를 들으러 온 것이 아니라 고요함을 느끼려고, 사람들 사이에 가만히 앉아 있으려고, 낯선 이들과 악수를 하려고, 내가 어딘가로부터 왔다는, 내가 무언가에 속해 있다는 기분이 드는 공간을 찾아간 것이기에.

애나와 나는 럭비를 하다가 만났다. 럭비가 내 교회가 되었다. 나 같은 사람, 삶에서 정돈된 방식의 접촉과 고통을 원하는 사람들이 모여드는 왕국이었다. 대학 럭비 팀에서는 퀴어인 게 드문 일이 아니었다. 팀 동료들은 처음에 우리를 힐난하다가 곧 축하해 주었다. 우리 사이가 진지해지자 잠깐이지만 나는 애나가 내 분노의 해답일 거라 생각했다. 차분함이 밀려왔지만, 곧 나는 연애를 할 때도 연애를 하지 않을 때와 똑같은 사람이라는 사실을 깨달았다. 그녀에게 내가 집을 떠난 뒤에 시작한 삶만을 줄 수 있는 것은 아니었으니까. 우리는 헤어졌다가 또다시 만나길 반복했는데, 싸움을 하면 아주 사소한 이유로도 내가 이성을 잃고 분노하는 바람에 몇 시간 안에 이제 서로 애쓰지 말자는 말이 나왔기 때문이다. 누군가를 사랑한다는 이유로 분노에 찬 삶을 덮어놓을 수는 없었다.

애나와 내가 아이들을 가지기 몇 년 전, 이웃이 나를 경찰에 신고한 적 있었다. 경찰이 우리 집을 떠난 뒤 애나는 말했다. 이렇게 살고 싶지 않아. 나는 대학을 갓 졸업한 뒤였다. 나는 그녀에게 고함을 지르고 침실 문을 발로 찼다. 문을 부쉈다. 그 당시 나라는 분노로 가득 찬 사람에게 습관이 된, 아무것도 아닌 걸 놓고 하는 싸움이었다. 누군가는, 그러니까 그 이웃은, 애나가 위험한 상황이라고 생각했을 것이다. 우리는 건물 4층에 있는 쥐가 들끓는 원룸 아파트에 살았다. 우리가 하는 일이 싫었다. 그 싸움의 이유만 기억나지 않는 것뿐 아니라 그 시절 우리가 했던 싸움들 중 그 어떤 것도 기억나지가 않는다. 경찰관은 나를 보고, 다시 그녀를 보고, 또다시 나를 보더니, 떠났다. 경찰이 다녀간 뒤 나는 직장에서 몇 블록 떨어진 심리상담소를 찾아갔다. 학교 일을 마치면 저먼타운 애비뉴에 차를 세워 놓고 자갈 깔린 거리를 걸어 조그만 상담실에 들어가 카우치에 주저앉았다. 화가 나면 폭발한다고 나는 말했다. 피가 희미하게 끓는 소리를 들으며, 볼 안쪽을 이로 씹어 대면서, 나는 다락방 상담실에 앉아 있었다. 분노를 끓이면서.

내가 샘슨에게 그래, 낮잠을 안 자면 안 돼,라고 하자 그 애는 냉장고를 발로 찼다. 두 주먹을 꽉 쥐고 식탁 의자를 발로 차 넘어뜨린 다음에 미안하다고 말하는 그 애. 그러고 나서 자기가 방금 저지른 짓에 충격을 받아 빨갛게 부풀어 오른 엄지발가락을 내려다보는 그 애. 그 모든 감정을 나 역시 느낀 적 있다.

내 아버지는 나 같은 아빠가 아니었다. 평일 밤에는 늦게 귀가해 어머니와 둘이서만 저녁을 먹는 날이 많았다. 아버지는 내가 지금까지 해 온 것보다, 앞으로 할 것보다 더 긴 시간 일했다. 주말이면 아버지는 프로젝트에 몰두하고, 차고를 청소하고, 면 반바지와 긴 양말만 걸친 채 낮잠을 잤다. 우리는 잔디 위에서 캐치볼을 했다. 우리 중 내가 가장 운동을 잘했고, 아버지는 남동생들이 좀 더 소질을 갖추기를 바랐지만, 그들에게는 위대함에 마땅히 뒤따르는 분노가 없었다. 저녁이면 우리 집 식구 여덟 명이 다 함께 식탁에 둘러앉아 저녁을 먹었다. 아무리 싫어하는 음식이라도 싫다는 말은 통하지 않았다. 아버지는 당신 옆자리를 아무도 오고 싶어 하지 않는 곳이라고 불렀다. 남동생, 특히 숀과 라이언이 그 자리에 앉았다. 우리 딸들은 좀 더 수월했다. 나는 구석 자리에 앉아 뻑뻑한 리마 콩을 씹어 삼켰다.

손을 낳고 나서 고작 몇 주 뒤 애나는 다시 야간 근무를 시작했다. 손은 너무나도 작고, 애나와 너무나도 닮았고, 너무나도 많이 울었다. 오후가 되면 나는 손과 함께 요가 볼에 앉아 〈로 앤 오더〉 첫 시즌 전체를 다시 보았다. 밤이면 아기방 의자에 앉아 애나의 젖을 젖병으로 먹이며 길 건너 바에서 새어 나오는 네온 불빛을 바라보았다. 어떤 밤이면 손은 한 시간에 한 번씩 울었다. 내 손은 거칠고, 튼튼하고, 복싱으로 길들여진, 브라질리언 주짓수 파트너를 휘어잡는 데, 턱걸이를 하고 플리핑 타이어를 하는 데 익숙한 손이었다. 손을 바쁘게 하는 일이라면 그 무엇이건 했다. 나는 울다 지쳐 반쯤 잠든 채 요람에 누운 아기를 안아 올려 손가락으로 아기의 갈비뼈 하나하나를 만져 보았다. 아기에게 화가 난 채, 이성을 잃을 정도로, 믿기지 않을 정도로, 나 자신이 무서울 정도로 화가 난 채. 그 애는 너무나 가볍고, 너무나 작았다. 내 아들.

〈로 앤 오더〉 시즌 1의 아홉 번째 에피소드 '무관심'은 언제 보더라도 눈을 뗄 수가 없다. 겉보기엔 점잖은 심리치료사가 아내를 심하게 구타하고 아내는 그만큼 아이들을 학대한다. 어린 시절, 로건 형사와 그리비 형사가 로웬스타인 부부의 집에서 밝혀낸 폭력과 절망의 현장들에 비하면, 우리 집의 흔해빠진 갈등은 아무런 문제도 아니라고, 난 행복해야 마땅하다고, 부모님이 때때로 난폭한 것뿐이니 난 운이 좋은 거라고 느껴야 할 것 같았다. 그러나 로웬스타인 부부의 어린 자녀가 죽었을 때, 부부에게 어떤 처벌을 내려야 하는가 하는 질문에 검사보 벤 스톤은 그들을 던전에 집어넣고, 바퀴에 매달아서 씨를 말려 버려야 합니다, 하고 대답했다. 그러자 검사는 이해한다는 듯 고개를 끄덕이며 음, 이라고 한다.

애나가 고속도로를 운전하는 동안 나는 차 안에서 파이를 두 조각 먹었다. 우리 둘 다 내 진통이 시작되었다고 생각했다. 샘슨은 많이 움직이지 않았다. 스트레스 상황에서 차분한 성격이었다. 내가 먹은 것은 소박한 파이어니어 우먼 파이였다. 휘핑크림, 크림치즈, 땅콩버터, 슈거 파우더, 오레오 크러스트 위에 땅콩버터를 마시멜로 같은 질감으로 만들어 올린 파이. 나는 고등학생 때부터 빵을 굽기 시작했다. 뭐라도 제대로 할 줄 아는 일을 갖고 싶어서. 완성된 무언가를 만들고 싶어서. 애나는 완벽하고 싶고, 식량을 제공하고자 하는 나의 욕망은 조금도 여성적인 것이 아니라고 말한다. 여동생의 생일날, 부모님 집에 갔을 때 나는 샘슨에게 케이크에 프로스팅 입히는 걸 도와 달라고 부탁하고는 스툴 위에 앉혔다. 도와주고 있구나, 네… 아버지는 말끝을 흐렸다. 그는 아빠라고 말하지 않는다. 그는 그라는 말도 하지 않는다. 그는 아무 말도 하지 않는다.

샘슨은 둘째였기에 우리는 면제 서류에 서명한 다음 흔들린아이증후군에 관한 영상 시청은 건너뛴다. 출산 호르몬 때문에 아직도 다리가 후들거리고 있었다. 샘슨을 바깥 세상으로 내보내 행복했다. 나는 분만센터 침대에 누웠다. 아이의 출생증명서 어머니라는 글자 옆에 내 이름을 썼다. 적당한 자리는 그곳이 유일했다. 아이를 낳기 전, 한밤중 손을 향해 분노했던, 그만 좀 울어라고 고함쳤던 나 자신이 두려워서, 화가 나서 자기 아이를 해치는 사례가 있는지 몇 번이나 검색했다는 말은 조산사에게 하지 않는다. 차디찬 필라델피아의 겨울밤, 집 밖 철제 계단에 앉은 채 방금 손을 흔들어 버리기 직전까지 갔다는 사실에 겁에 질려 손을 덜덜 떨었다는 것도. 아이의 엄마는 야간 근무가 잦았다. 그 애는 그녀를 찾았다. 그 애는 엄마를 원했다. 나는 엄마가 아니었다, 아빠도 아니었다. 손과 긴 낮잠을 함께 자기 시작하며 나는 변했고, 우리는 변했다. 나는 좀 더 온화해지고 나 자신을 덜 두려워하게 되었다. 임신해 부푼 몸으로 그 애를 품어 주었다. 안아 주었다. 잠들었다. 샘슨을 기다렸다.

내 아버지는 벤 스톤을 좋아했지만 나는 잭 맥코이가 더 좋았다. 아버지는 여성 동료들과 누가 봐도 문제 있는 관계를 맺고 있는 잭을 참아 주는 내가 신기한 듯했다. 반면 나는 우리가 함께 본 수많은 에피소드에서 맥코이가 내 아버지와 똑같은 사람들을 향해 열변을 토해 내는 장면들이 잊히지 않았다. 부유한 사람들, 원하는 걸 얻기 위해 남을 위협할 수 있는 사람들. 심지어, 죽일 수도 있는 사람들. 잭 맥코이는 세상은 사람을 죽인다면 당신이 누구건, 왜 그런 짓을 했건, 그 대가를 치러야 하는 곳이라고 믿었다. 〈로 앤 오더〉의 세계는 아무 죄도 없는 가난한 이들이 붙잡히고 재판조차 받지 못하는 진짜 세계가 아니었다. 우리는 그런 이야기는 입에 올리지 않았다. 이 다음엔 어떻게 될 것 같냐? 아버지는 그렇게 물으며 침묵을 깨곤 했다. 모르겠어요, 어렵네요, 나는 그렇게 대답하곤 했다. 우리는 해바라기씨 한 봉지를 함께 까먹으며 껍질은 종이 접시 위에 버렸다. 잭 맥코이를 보면 아버지의 얼굴이 보인다.

어린 시절 어머니는 아버지가 어린 시절 이야기를 전혀 하지 않는다며 불평했다. 꼭 아무것도 기억 못 하는 것 같더라, 어머니는 그렇게 말했다.

남동생들이 울면 아버지는 그 모습을 흉내 냈다. 여동생들이 울면 어머니는 그 애들을 달래 주었다. 나는 혼자 있을 때만 울었고, 그

마저도 자주는 아니었다. 나는 첫째이고 우리 여섯 아이들 중 대장이었지만 그래도 마치 습기 찬 샤워 부스 너머에서 그들을 바라보는 것처럼 동생들과 동떨어져 있었다. 둘 중 어느 쪽에라도 속하고 싶어 하면서, 그 애들이 나를 이해하는 법을 알아주기를 바라면서, 내가 잘못된 게 아니라는 기분을 느끼고 싶어 하면서. 내 손, 노여운 두 손이 안개 낀 유리를 바짝 민다.

샘슨이 자꾸 머리를 주먹으로 때려요, 큰아들은 자주 이렇게 말한다. 샘슨은 비쩍 말랐지만 그래도 때릴 줄 안다. 아이들 엄마는 이 문제를, 끝없는 싸움질을 어떻게 해결해야 할지 고민한다. 내 어린 시절도 마찬가지였다. 엄마, 손이랑 라이언이 차고에서 싸우고 있어요. 저녁 먹을 때까지는 집 안에 들어오면 안 되는 게 규칙이었는데도 나는 집 안으로 들어서며 어머니에게 말했다. 그냥 서로 죽이게 놔두렴, 어머니는 그렇게 말했다. 그리고 다시는 집 안에 롤러스케이트 신고 들어오지 마라.

내가 처음으로 나를 아빠라고 생각한 것은 슈퍼 원 마트 계산 줄에서 있을 때였다. 추수감사절 나흘 전, 아내 쪽 식구들에게 우리가 얼마나 돈이 없는지 들키지 않으려고 마지막 남은 돈으로 장을 보러 온 참이었다. 샘슨은 평소 입는 옷 위에 풍성한 보라색 공주 드레스를 겹쳐 입은 채였다. 조금 길어서 그 애가 젖은 장화 신은 발로 리놀륨 바닥에 삑삑 소리를 울리며 통로를 걸어갈 때 우리 모두 걸음을 멈추고 지켜봐야 했다. 지지는 내 등에 아기 띠로 업혀 있고 그 뒤를 손이 졸졸 따라왔다. 계산대 여자가 감자나 통조림을 스캐너로 찍을 때마다 나는 우리가 가진 돈이 충분한지 확인하려 화면을 훔쳐봤다. 집에 가면 페이스북에 당신 이야기를 써야겠어요, 내가 어깨 너머로 지지에게 공갈 젖꼭지를 물려 주는 모습을 보고 그녀가 말했다. 삼십 대, 그 당시 나보다 몇 살 많아 보이는 여성이었다. 멋진 아빠네요, 그녀가 혼잣말처럼 내뱉었다. 나는 대답했다, 고맙습니다. 정말 기분 좋은 말이네요. 장을 보는 건 늘 내 몫이다. 애나는 목록 없이는 장을 못 보니까. 멋진 아빠.

아버지는 어린 시절 대부분을 아버지 없이 보냈다. 할아버지는 술꾼으로 할머니가 일곱째 아이를 배고 있을 때 집을 나갔다. 아무도 할아버지 이야기는 입에 올리지 않는다. 그의 이름은 존이었다. 잭 맥코이 역시 폭력과 주취와 아일랜드인 특유의 성정이라는 유산과 더불어 살아간다. 내가 〈로앤 오더〉에서 눈을 뗄 수 없는 이유 중 하나다. 퇴근 후, 재판이 끝난 뒤, 바에서, 이야기를 시작할 때 잭은 늘 우리 집늙은이는, 하고 입을 연다. 그는 눈썹이 무성하고 흔치 않은, 상대를 무장 해제시키는 웃음을 지녔다. 내 아버지처럼.

미국 질병통제예방센터에 따르면 흔들린아이증후군의 희생자 대부분은 남자아이다. 가해자 대부분은 남성이다. 대부분의 사건에서 가해자는 생물학적 아버지, 의붓아버지, 어머니의 남자 친구, 그다음이 어머니라고 한다. 한번은 손이 입은 데님셔츠를 움켜쥐었다가 옷이 찢어진 적 있었다. 그 애가 내 말을 도저히 듣지 않아서다. 쥐었던 주먹을 폈더니 찢어진 옷깃이 한 줌 가득이었다. 손바닥을 뒤집었다. 힘이 들어가 손마디가 하얗게 된 이 손은 어머니의 손이 아니었다. 1966년에서 2019년 사이에 일어난 총기 난사 사건 167건을 살펴볼 때, 총 171명의 가해자 중 98퍼센트가 남성이었다. 애덤 랜자는 스무 살의 나이로 스무 명의 아동을 죽였다. 나는 훨씬 나이가 많지만 아무도 그 사실을 모른다. 나는 어린애처럼 생겼으니까. 테스토스테론이 나를 어린애로 만들었다. 가느다란 금빛

콧수염, 부드럽고 작은 몸집, 부드러운 미소. 스니커스에 조거 팬츠. 애나가 나를 사우스 필라델피아의 사격장에 데려간 적 있었다. 델라웨어 강가의 창고였다. 가기 전에는 좋은 생각이라고, 재미있는 데이트가 될 거라고 생각했지만 개머리판의 촉감과 미끈한 방아쇠에 나는 겁에 질렸다. 이만한 힘이, 이만한 분노가 내게 있었다. 내 옆에 있던 두 남자는 도금된 커다란 권총을 들고 발사했다. 두 남자는 어린애들처럼 킬낄거리며 웃어 댔다. 한 발 한 발 쏠 때마다 나는 펄쩍 뛸 만큼 놀랐다. 나는 총을 들고 방아쇠를 당기며 눈을 감지 않으려 애썼다. 나처럼 분노가 많은 사람들에게는 총을 맡겨서는 안 된다. 그 사실을 어째서 아무도 모르지? 아가씨들, 총 하나 살래요? 계산대 남자는 우리가 거절할 걸 알면서도 나와 애나를 쳐다보며 물었다. 그냥 총을 한 번 쏴 보고 싶었을 뿐인 레즈비언 커플.

샘슨과 내 아내는 거의 매일 낮잠 시간마다 서로 부둥켜안고 잔다. 그녀가 긴 팔다리로 샘슨의 작은 팔다리를 감싼다. 애나는 새벽까지 일을 하기에 샘슨의 낮잠 시간이 그녀에게는 한밤중이다. 하루는 샘슨의 빈 침대에 누워 책을 읽으려던 참이었다. 이불을 걷어보니 칼이 하나 있었다. 또 칼. 그다음에는 도끼. 플라스틱으로 만든 무기들. 아버지가 되면서, 그게 나라는 사실을 받아들이면서, 나는 한층 온화하고 차분해졌다. 내가 무슨 행동을 하는지, 남들이 나를 어떻게 볼지 생각한다. 내가 남자만 가득한 공간에 혼자 있을 때, 덩치 큰 남자가 내게 다가와 시간을 묻거나 아이들에 대한 따뜻한 말을 건넬 때 내가 느끼는 공포를 그들 역시 느낀다. 나는 남자들이 나를 해하려 접근한다고 생각한다. 우리 안에 날 공포에 질리게 하는 무언가가 있다. 샘슨은 닌자 흉내를 낸다. 군인 흉내를 낸다. 몸을 뒤친다. 그 애는 자기 몸을 부주의하게 쓴다. 내 아들들은 칼

싸움을 하고 장난감 총을 사 달라며 보챈다. 애나와 내가 이 남자들을 만든 거다. 때때로 나는 그 애들을 짐승 다루듯 셔츠 목덜미를 붙들어 들고 떼어 놔야 한다.

남성들은 폭력에 연루될 가능성이 더 높다. 살인할 가능성도, 살해당할 가능성도. 남동생 마이클을 생각하면 내 주먹이 그의 얼굴을 내리칠 때 느낀 역겨운 감정이 떠오른다. 우리는 어렸다. 아마 열세 살, 열한 살. 내 인생 최악의 시기 사춘기. 내가 되어야 하는 그 사람이 나는 결코 될 수 없다는 감각을 돌이킬 수 없었던 그때. 마이클이 화가 나서 뒤에서 날 쳤다. 나는 돌아서서 주먹을 날렸다. 예상보다 얼굴을 내리치는 힘이 강했다. 귀가 울렸다. **코뼈가 부러졌잖아!** 마이클이 고함을 질렀다. 피투성이. 나는 기분이 좋았다. 평온이 뜨거운 담요처럼 나를 뒤덮었다. 나는 그가 어머니를 부르며 비틀비틀 뒷걸음질 치는 모습을 바라보았다.

그녀와 나는 고함을 지르고 싸우곤 했다. 널 증오해, 외치면서 서랍이며 문을 쾅쾅 닫는 일이 잦았다. 그녀는 저녁 식탁에서 우유 잔을 내게 들이붓고, 내 머리를 잡아당기고, 내 발을 밟아 발가락을 부러뜨렸다. 신발을 벗어 차 뒷좌석에 탄 내게 집어던졌다. 서로를 쌍년이라고 부른 적도 여러 번 있었다. 그러나 살면서 그녀가 두려웠던 적은 단 한 번도 없다. 내 어머니는 낙심하고, 나아가 넌더리를 냈지만, 화를 내지는 않았다. 사람들은 내가 어머니에 대해 쓴 글에서 온기가 느껴진다고 한다. 놀라울 만큼 따뜻하다,라고 애나는 말한다. 내 글 속에서 어머니는 늘 부엌에 있고, 늘 창가에서 설거지를 하고, 작업대 앞에서 뜨거운 빨래를 개다가 달아오른 지퍼에 손을 덴다. 교수는 내 글 속에서 아버지는 어디에 있느냐고 묻고, 나는 모르겠어요,라고 답한다. 소원한 사이인 건 아니에요, 나는 말한다. 우리는 대화가 없는 게 아니에요. 그저 대화를 안 할 뿐이죠. 무슨 말인지 아시겠어요?

기하학1 수업은 괴로웠다. 그해, 고등학교 1학년은 힘들었다. 내가 여학교에서, 여학생이 되어야 한다는 걸 알아서, 내가 아버지로부터 떨어져 나와야 한다는 걸 알아서, 아버지는 이해하지 못해서. 샘슨과 마찬가지로 나는 숫자를 다루는 덴 재능이 없다. 선생님은 모래 상자를 쌓는 비유를 수시로 썼다. 우린 열네 살짜리 여학생이었고. 선생님은 옆면에 숫자가 쓰인 직사각형 모래 상자들을 칠판에 그렸다. 그는 큰 안경을 썼고, 눈이 근사했다. 숲과 바다를 연상시키는 좋은 냄새가 났다. 나는 성적이 좋지 않았는데도 점심시간에 선생님을 찾아가곤 했다. 선생님이 교실을 돌아다니며 숙제 검사를 하는 사이에 몰래 숙제를 마칠 때면 죄책감을 느꼈다. 난 숨는 게 싫었다. 그가 나를 좋아했으면 했다.

3학년 때 나는 성당 관구 단위로 열리는 수학 퀴즈 대회에 나갔다. 목제 패널을 댄 우리 집 밴 뒷자리에 어머니와 내가 타고, 앞자리에는 바버라 수녀님이 탔다. 아버지는 내가 샘슨의 나이인 다섯 살 때부터 플래시카드를 보여 주며 수학 퀴즈 훈련을 시켰다. 네 이름 스펠링을 거꾸로 말해 보렴, 그렇게 말했다. 정답을 맞히는 것 말고는 선택지가 없었다. 애나의 임신 기간에는, 또 샘슨이 내 몸속에서 자라고 있을 때는, 나는 아버지가 된다는 것에 대해 생각해 본 적이 없었다. 나는 내가 어머니가 아니라는 걸 알고 있었다. 해결책은? 난 늘 부모라는 표현을 썼다.

때로 내가 아이들에게 한 발짝 다가가면 아이들은 한 발짝 물러선다. 그들은 이제 막 존재하는 법을 배우고 있는 아주 작은 아이들이다. 때로 나는 아이들을 너무 세게 붙잡고, 더는 참아 주기 힘들 땐 강제로 침대에 눕힌다. 나는 내가 되고 싶은 사람이 아닐 때가 많다. 테스토스테론을 투약하기 시작한 뒤로 더는 울지 않았다. 몇 년이나 됐다. 내 거친 손끝을 통해, 내 안에 있는 내 아버지를 느낀 다. 나는 아빠가 된다는 걸 받아들이기로 했다. 이제 아이들이 더 이상 아기가 아니라 흔들린아이가 될 수 없는 게 다행이다. 한 번도 아이들을 때린 적 없지만 이따금 때리기 직전이라는 기분이 들 때가 있다. 사람들은 내가 다정하고 온화한 아빠라고 여긴다. 그렇 게 되려고 노력한다. 하지만 아이들은 제 엄마를 무서워하지 않듯 이 나를 무서워한다. 나는 자리에 앉아 유리 조각을 치우는 애나를 바라보고, 그녀가 차라리 오븐이 낫지… 하면서 말끝을 흐리자 아무 말도 하지 않는다. 오븐이 부서졌어요, 다음 날 아침 식탁에서 아이 들이 말했다. 나는 너희들이 자는 동안 내가 오븐 문을 발로 차서 유리를 깼다는 말은 하지 않는다.

레니 브리스코 형사는 딸 캐시가 마약상인 전 남자 친구에 게 살해당하고 나서야 자신이 그 애한테 여태 저지른 잘못 을 깨닫는다. 출연진이 바뀌고 또 바뀌는 내내 아버지와 나 는 꾸준히 드라마를 보았다. 우리 둘은 열두 개의 시즌을 전 부 보았다. 이걸 또 보는 거야? 어머니는 코웃음을 치더니 깜 깜한 거실을 떠난다. 우린 이 드라마를 좋아하니까, 아버지가 그렇게 말하고, 오프닝 장면이 펼쳐지며 또 한 명의 노숙인 이 유기된 시체에 걸려 넘어진다.

센트럴 펜실베이니아의 어느 호텔 방에서 아버지는 우리더러 싸우 지 말라고, 어머니와 단둘이 시간을 보낼 수 있게 해달라고 했다. 아이가 생기고 난 지금은 그게 어떤 기분인지 잘 안다. 우리 방은 부모님이 묵는 방 바로 옆방이었다. 그러나 우린 싸움을 멈추지 않았다. 멈출 수 없었다. 그것이 우리의 언어였으므로. 우리는 그날 아침 일찍 허시파크에 갈 생각에 들떠 있었다. 공원 지도를 펼쳐 놓고 어떤 롤러코스터를 먼저 탈지 말씨름을 벌였다. 소리를 지르고 서로 밀쳤다. 아버지가 방으로 들어와 나를 찾았다. 내가 첫째였으니까. 내가 책임자였으니까. 욕실 캐비닛 속으로 기어 들어가 숨으려는 내 다리를 아버지가 붙잡았다. 그다음에 어떻게 되었는지는 기억나지 않는다. 그건 중요하지 않다. 중요한 건 분노한 아버지가 나를 잡으러 온다는 걸 알고 숨을 곳을 찾아 필사적으로 기어가던 순간이다.

남동생들과 나는 우리 동네에 롤러 하키 리그를 만들었다. 팀은 총 세 개였다. 남동생 라이언은 자기 팀에 친구들을 전부 집어넣고 경기가 끝나면 모두를 끌어안았다. 그는 늘 그랬다. 내 아들들도 그랬으면 좋겠다. 다른 남동생 손과 나는 가혹했다. 동네 아빠들이 돌아가며 심판을 보았지만 우리들의 팀이 서로 맞붙을 때면 내 아버지가 끼어들어야 했다. 경기마다 우리는 몇 번씩 싸움을 벌였다. 우리가 스케이트를 탄 채 서로에게 태클을 걸며 거칠게 몸싸움을 하는 모습을 모두가 지켜보았다. 어머니는 길가에 레모네이드 주전자를 들고 서서 제리, 어떻게 좀 해 봐, 하고 외쳤다. 우리는 매번 아무것도 아닌 일로 싸움을 벌였다. 그것이 우리가 아는 유일한 존재 방식이었다.

나는 남동생들을 사랑하지만 그들이 남자로 태어났다는 사실에 화가 난다. 나는 오래전, 우리가 뒷마당에서 위플 볼을 하던 그날로 돌아가는 꿈을 꾼다. 누군가가 내 남동생 손이 여자애한테 얻어맞았다며 그를 놀려 댄다. 나 말이다. 그 애는 웃었다. 오랫동안 나는 그때로 돌아가 형이라면 했음 직한 방식으로 그의 목을 졸라 버리는 꿈을 꿨다. 녀석의 친구들이 모두 지켜보는 앞에서 두들겨 패고 싶었다. 아버지가 성이 나서 남동생들의 목덜미를 붙들고 벽에 밀어붙여 세울 때면 나는 생각했다. 왜 나는 예외야? 하지만 나는 늘 수월하게 그 순간을 넘겼다. 나는 내 아들들도 사내아이답기를 바랐다. 세 아들 모두. 그게 더 수월할 거라 여겼지만, 이제는 잘 모르겠다. 싸워 이겨야 할 무언가가 있지만, 그것은 우리를 쫓아오는 것이 아니다. 그것은 우리 안에 있다.

내가 자다 깨어 다시 잠들지 못할 때면 애나는 무슨 꿈을 꾸었냐고 묻고 나는 거짓말을 한다. 꿈에서 내가 죽었다고 한다. 샘슨, 때로는 네 어머니에게 모든 걸 말하지 않는 게 낫다는 걸 알려무나. 하지만 너, 지금 이 글을 보는 너는 알아야 한다. 꿈속에서 내 아버지는 나를 죽인다. 누군가 집에 침입하는 소리가 들린다. 자물쇠가 마치 아무 일도 일어나지 않을 것처럼 나직한 소리를 내며 풀리고, 문손잡이가 돌아간다. 내가 벌떡 일어나 앉을 무렵에 난 이미 죽어 있다. 단 한 발의 총성. 네 할아버지가 총에 대해 품었던 두려움은 내 어린 시절에 커다란 흔적을 남겼다. 우리는 장난감 총을 가지고 놀 수 없었다. 심지어 손가락으로 총을 쏘는 흉내를 내어서도 안 되었다. 우리는 그런 식으로 놀지 않는다. 아버지는 늘 말했다. 총은 놀잇감이 아니다. 아버지는 당신 방식대로 우리를 보호하고자 했다. 어머니는 아버지가 어린 시절 폭죽에 한쪽 손을 잃은 친구를 본 기억에서 벗어나지 못하는 거라고 했다. 내가 알 수 있는 당신 내면의 약한 부분은 그게 전부였다. 아버지는 그 이야기를 직접 해 준 적이 한 번도 없었다.

내 어머니는 또 만약 아버지에게 총이 있었다면 별것 아닌 말싸움을 하다가 당신을 쏴 버렸을 거라고도 했다. 농담이었고, 아버지가 어머니에게 손을 올린 적은 한 번도 없었지만, 우리가 가진 그런 분노는 꿈에 나타나 우리를 해친다. 네 삼촌들은 십 대 시절 페인트볼 총을 속옷 서랍에 숨겼고, 저녁을 먹으러 나올 땐 맞아서 부은 자국을 숨겼다. 우린 싸울 때면 지하실이나 차고에서 온몸이 멍으로 뒤덮인 채 가쁜 숨을 몰아쉴 때까지 격하게 싸웠다. 누군가를 사랑하면 그 사람을 아프게 해서는 안 된다는 말을 그 누구도 해 주지 않았었다. 네 할아버지가 날 죽이고 싶어 했다고 생각하진 않았으면 한다. 그렇게 단순한 이야기가 아니다. 한번은 내가 농구 경기를 하다가 누군가의 팔꿈치에 얼굴을 정통으로 얻어맞자 아버지는 반사적으로 코트 위로 달려 들어왔다. 심판이 뒤에서 코트에서 나오라고 고함을 질러 대도 아버지는 멈추지 않고 걱정스러운 얼굴로 나를 향해 달려왔다.

나는 내가 아빠가 되어야 하는 줄 몰랐었다.

헬스장 스쾃 랙에 서서 남자애들 한 무리가 농구공을 튀기는 모습을 보다가 그 시절의, 우리가 더는 서로 할 말이 없어지기 전, 함께 했던 모든 경기의 모든 플레이를 서로 기억하던 시절의 아버지를 떠올린다. 열세 살이던 내가 버저 샷을 놓쳤을 때, 돌아오는 차 안에서 아버지는 우는 내 무릎에 한 손을 얹었다. 아버지가 내게 손을 내밀어 준 것은 몇 년 만이었다. 이제 나는 울지 않는다. 샘슨, 네가 밤에 깨어 미안해요, 그런데 나쁜 꿈을 꿨어요, 라고 하면 나는 왜 미안하니? 하고 묻는다. 너는 또다시 미안해요, 라고 한다.

잭 맥코이는 이따금 딸 리베카에 대한 이야기를 하지만 시청자가 리베카를 본 적은 한 번도 없다. 리베카는 실존할까, 아니면 그 애는 딸을 가지고 싶고 아버지가 되고 싶은 맥코이의 소망을 상징할 뿐일까?

5. 성별: 여성

2. SEX

Female

나는 그날, 맨해튼의 병원에서 일어난 일이 잘못되었다는 증거를 찾는다. 내가 부당한 행위를 당했다는 증거. 우리가 부당한 행위를 당했다는 증거. 그러나 사실 그건 서류에 쓰인 것만큼이나 단순한 일이다. 그날 일어난 일은 서류에 쓰여 있다. 내 부모는 스물일곱 살, 스물여덟 살이었다. 신혼부부였다.

어린 시절 찍은 모든 사진에서 나는 말도 안 되게 환하게 웃으며 행복해하고 있다. 나에게 수작을 거는 사람들은 다들 내 이름에 얽인 사연을 궁금해한다. 사연은 없어, 나는 말한다. 나는 그냥 크리스야. 맨해튼에서 태어난 어린 소녀의 흔적은 전부 사라졌다. 난 그저 특이한 이름을 가진 남자일 뿐이다.

나와 샘슨이 함께 찍은 사진은 여기 이 흔들 목마에 탄 나와 내 아버지 사진과 똑같다. 똑같이 벌린 입, 둥그런 머리, 근육이 잡힌 팔, 얼굴 위로 흩어진 금발. 그의 이야기는 내 이야기의 자취를 따라간다. 크게 웃으렴, 샘슨. 치즈.

내 신분증을 확인한다. 신분증을 보여 달라고 한다. 열여섯 살짜리 남자애들이 이 가게에 와서 맥주를 사려고 수를 쓰는 게 하루 이틀 있는 일이 아니니 신분증을 보여 달라고 한다. 나는 당신이 여태 본 여자들 중에 가장 남자 같은 여자이니 신분증을 보여 달라고 한다. 신분증은 펜실베이니아에서 발급된 것이다. 키스톤 스테이트.* 키스톤: 아치의 정점을 이루는 쐐기 모양 조각. 내 작고 부드러운 손에서 신분증을 받아 간다. 신분증을 쳐다본다. 뒤집어서 한참 더 쳐다본다. 신용카드 옆에 나란히 놓고 확인한다. 이름들. 그 이름들은 여자 이름이다. 분명 여자 이름이다. 내가 사는 곳을 물어본다. 도시. 거리. 하지만 내 대답과 쓰인 글자가 다르게 들린다. 스펠링을 써 주시겠어요? 나는 주소를 정확하게 쓴다. 우편번호를, 내 생년월일을, 30년 전의 그 날짜를 묻는다. 그러나 맞을 리가 없다. 내 목소리가 틀리니까. 너무 억세고, 너무 낮으니까. 나는 맥주를 두 병 산다. 하나는 내 몫, 하나는 내 아내 몫이다. 유리로 된 카운터에 라벨 위로 물기를 줄줄 흘리는 맥주병이 놓여 있다. 애나가 오늘 하루가 고단했다고 했기에 나는 스타우트 한 병과 IPA 한 병과 스니커즈 바를 골라 이 자리에 서 있다. 그녀가 수

* 펜실베이니아주의 별명.

술복 차림으로 집에서 기다리고 있지만 당신은 그 사실을 모른다. 당신이 아는 것은 50개 주와 우편번호가 담긴 거대한 바인더뿐이다. 펜실베이니아를 찾는다. 오리건 다음, 로드아일랜드 전이다. 내 얼굴을 똑바로 쳐다보면서 다시 한번 내 주소상 거리 이름의 스펠링을 말해 보라고 한다. 세피바 Sepviva. 자메이카의 플랜테이션 농장에서 럼과 설탕을 생산해 부유해진 노리스 가문은 18세기 자신들의 농장에 세피바라는 이름을 붙였다. 그들은 1740년대에 마지막 노예를 해방시켰다. 사람들 말로는 노리스 가문 사람들은 퀘이커 교도로 온화한 성격이었다고 한다. 키스톤: 다른 것들의 지지대가 되는 무엇. 세피바 스트리트는 아름답지 않다. 그저 낮은 집들이 빽빽이 붙어 있는 필라델피아의 어느 거리에 불과하지만 그곳이 내 집이 있는 거리다. 여기 미시간의 작은 마을에서 천 마일 떨어진 곳에 있는 거리. 다시 한번 사진을 본다. 3년 전의 얼굴과 똑같다. 1987년생이라면 어째서 2011년도 졸업생이라고 적힌 스웨트셔츠를 입고 있지요? 나는 내가 입고 있는 후드 티셔츠를 내려다본다. 2011년도에 고등학교 교사였거든요. 나는 그렇게 말하고, 2011년 졸업생이라 할지라도 음주 가능 연령을 넘긴 지 한참인데 당신은 내가 거짓말을 자백하길 바라고 있다고 생각하지만, 소리 내어 말하지 않는다. 나 같은 사람들은 다른 사람을 혼란에 빠뜨린다. 우린 분명 뭔가 거짓말을 하고 있으리라. 키스톤: 생태계의 다른 종이 크게 의존하고 있기에 사라진다면 생태계 전체를 무너뜨릴 수 있는 종. 내 신분증을 기울이며 도대체 무엇을 찾는지는 모르지만 찾는다. 신분증 사진 속 얼굴: 조금 더 서글프고, 조금 더 온화한 얼굴. 아주 오랫동안 침묵한다. 당신은 말한다. 죄송합니다, 절 속여 먹으려는 사람들이 워낙 많아서요. 하지만 그건 진짜 죄송하단 말은 아니다. 나 같은 사람들은 진정한 사과를 받을 이유가 없다. 우리는 우리 자신에게 사과를 한다. 내 돈을 받는다. 나에게 내 맥주와 내 초콜릿 바를 준다. 쌀쌀한 저녁을 향해 가게를 나서는 내 모습을 내가 바라본다.

내가 이 기록, 내 출생증명서를 자꾸만 잃어버리고 또 잃어버리는 건 어쩌면 우연이 아닌지도 모른다. 아버지는 내가 서른이 가까워서야 가지고 있던 사본을 내게 줄 것이다. 나는 세 아이가 있다. 집도. 석사학위도. 나는 초등학생 140명을 대상으로 특수교육 서비스를 조율하는 일을 한다. 네가 이걸 잃어버리지 않을 거라 믿진 않는다, 아버지는 말한다. 마치 이것이 무언가 진정한 것, 귀중한 것, 믿어 마땅한 것이라도 된다는 듯이. 내가 맨해튼의 어느 병실에서 시작되었음을 담은 기록.

CERTIFICATE OF BIRTH   156-87 - I I 7 8 0 8
Birth No.
DATE FILED
87 JUL I P2: 40

Last Name

McIlraith

내 말은 보통 이름을 바꾸는 쪽은 양복을 입는 쪽이 아니라는 것뿐이
다, 아버지는 말했다. 내 결혼식에서 아버지가 한 말 중 기억나는
것은 그 말뿐이다.

고향 사람들이 마켓Marquette의 겨울은 어떠냐고 물을 때 너는 내가 춥다거나 끝이 없다고 말하기 전에 내 말을 끊는다. 너는 말한다, 너무 아름다워. 도시의 겨울과는 완전히 달라. 우리는 두껍게 쌓인 눈이 녹아 회색의 진창이 되어 정비되지 않은 길 위를 흐르고 모두가 주머니에 손을 꽂아 넣은 채로 젖은 운동화가 두꺼운 얼음 위에서 연신 미끄러지는 가운데 발을 끌고 걷는 모습에 익숙해졌다. 동네에서 미끄러져 망신을 당할 거라는 이 기분, 이 두려움, 두근거리는 심장에. 우리가 밑창에 구멍이 난 낡은 척 테일러 스니커스를 신고 다니겠다고 고집했던 그 겨울이 기억난다. 내 발은 늘 감각이 없었다. 눈이 온다는 예보가 있는 날이면 우리는 식료품 저장고의 음식을 먹으며 온종일 집 안에 숨어 있었다. 마늘과 올리브오일로 만든 스파게티. 작은 깡통에 든 아몬드. 땅콩버터와 꿀을 넣은 샌드위치를 낡은 갈색 소파에 앉아 먹었다. 심지어 배심원 의무조차도 취소되었다.

천 마일 떨어진 곳에서는 새하얗게 밝은 블리자드의 밤만큼 고요한 것은 없다. 너는 출근했고 눈은 잠시 멎었다. 눈을 치워야 한다. 나는 우리가 이곳으로 이사 올 때 어머니가 뉴저지에서 보내 준, 어머니가 90년대에 입던 번들거리는 보라색 스노슈트를 입는다.

마켓에서 나는 이렇게 옷을 단단히 챙겨 입으면 바깥 기온이 아무리 낮아도 옷 속은 따뜻해서 땀을 흘릴 수 있다는 사실을 알게 되었고, 그렇게 나는 우리 차가 있는 곳으로부터 우리 집 앞 인도에 이르기까지 몇 인치나 되는 가루눈을 삽으로 퍼내 작은 무더기로 쌓다가 등 뒤로 다가오는 발소리를 듣는다. 트레이닝 바지에 티셔츠를 입은, 키가 작고 여위고 화를 잘 내는 이웃 남자다. 얼어붙을 것만 같다. 내 말 똑똑히 들어, 패것faggot*년아, 그가 말한다. 주위는 캄캄하고, 고요하고, 너무나도 아름답다. 아이들은 집 안에서 자고 있다. 이곳에는 오로지 이웃 남자와 나 둘뿐이다. 내 사유지에다가 눈을 퍼다 놓지 말라고.

몇 초가 지나간다. 가슴이 쿵쿵 뛴다. 심장은 박동하며 내 몸에 피를 실어 나르고 나는 아직 살아 있다. 내 몸속 피는 하루에 미국의 동부 해안과 서부 해안을 네 번 왕복하는 거리를 움직인다. 온종일 피는 몸속을 휘돈다. 천 마일 떨어진 내 집으로 돌아가는 데는 두 시간이 걸릴 것이다. 겁에 질릴 때는 어째서 심장박동만 느껴질까? 이 동네의 인도는 깨끗하고 침을 뱉지 말라는 경고문이 붙어 있다. 그 어디서도 주삿바늘이나 죽은 쥐나 더러운 기저귀나 뜯겨 나간 머리카락 뭉치를 본 적이 없는데, 그럼에도 지금 나는 이런 상황에 처해 있다. 테스토스테론 요법을 시작한 뒤로 나는 비명을 지를 수 없다. 성대에 상처가 나서 아이들이 양말을 신지 않겠다고 떼를 써도 간신히 엄한 목소리를 낼 수 있을 뿐이다. 애들이 말을 안 듣는 것도 당연하지. 네가 고함지르는 소리를 네 귀로 들어 봤어? 형제자매 중 한 명이 내게 이런 말을 한 적 있다. 그들 중 누구

* 남성 동성애자를 가리키는 욕설인 동시에 동성애자를 비하하는 욕설 중에서도 가장 악의적이고 상스러운 욕설.

였는지는 기억나지 않고, 나는 별이 빛나는 밤 중서부의 이 아름답고 고요한 마을에서 삽으로 눈을 퍼내 완벽하게 폭신한 더미를 쌓다가 죽게 될 것이다.

나는 이웃이 집으로 돌아가기를 바란다. 내가 원하는 삶, 고함을 지를 수 없고 별안간 내가 패것이 되어 버린 이 삶을 이제 막 시작했으니까. 패것이라고 불린 것은 처음이다. 레지, 레즈보, 다이크, 심지어 퀴어보,* 이런 말들은 질릴 만치 들었다. 그러다 마침내 나는 패것이 되었고 나는 겁에 질려 뒤로 물러서고 뒷걸음질한다. 나는 평생 동안 남자로 보이고 싶었다. 응급실에서 어퍼 미시간의 병들고 다친 이들을 구하고 있는 네가 집으로 돌아왔으면 좋겠다. 강인한 남자들은 이렇게 비틀거리며 뒷걸음질을 할까, 자고 있는 우리 세 아이들을 생각하며, 이토록 고요하다고 생각하며, 이웃 남자가 조금 더 다가올 때 아무 소리도 토해 내지 못할 거라고 생각하며. 이웃이 내게 다가온다. 그의 이름은 브라이언, 나는 그가 나를 만나기 전에도 수많은 사람들을 혐오했을 것이라고 생각한다. 나는 특별하지 않다. 나는 그저 그의 옆집, 우리가 자꾸만 이사를 가자고 말하고 있는 작은 싸구려 아파트에 살고 있을 뿐이다. 내 심장에는 특별한 점이라고는 없다. 내 심장, 이토록 아름답고 부질없는 것. 일 초 그리고 또 일 초, 일 리터 그리고 또 일 리터씩 나를 살아 있게 하려 애를 쓰는. 만약 사람들이 나를 네 병원으로 데려간다면, 그때까지 내가 버티지 못한다면, 나는 그 누구나와 마찬가지로 죽겠지.

* 모두 여성 동성애자를 비하하는 욕설.

우린 텔레비전에 출연하는 셰프들만 보면 타임 줄기에서 잎을 훑어 내는 게 정말 쉬워 보인다는 이야기를 나눌 수 있을 거다. 실제로 해보면 그렇게 깔끔하게 떨어지지 않지 않나? 분명 우리는 캡슐 세탁 세제는 쓸모없는 발명품이라는 데, 세상엔 아직 잡지가 필요하다는 데, 버켄스탁을 신으면 그 누구의 발이라도 섹시해 보이지 않는다는 데 의견을 같이할 수 있을 것이다. 나는 이 작은 동네에 있는 철로가 그저 볼거리에 그치는 게 아니라는 이야기를 하고 싶다. 한때는 이 철로로 어디론가 갈 수 있었다. 이렇게 아무것도 아닌 일을 놓고 대화를 나누는 건 쉬운 일이 분명한데, 이젠 누군가를 만나는 일이 내겐 그리 쉽지 않다. 이제 나는 두렵다. 나는 당신이 내 옷 속을 꿰뚫어 보는 걸 느낀다, 좋지 않은 의미로 말이다. 당신과 나는 식료품점이나 도서관에서 잡담을 나누고, 각자의 유아차를 밀고 서로를 지나칠 때 묵례하는 그런 사람들이다. 그러나 당신은 나를 꿰뚫어 보려 하고, 내 몸속을 알려 한다. 내 심장이 심방 두 개와 심실 두 개로 나뉘어 있다는 사실, 내 모세혈관이 소동맥과 세정맥 사이로 피를 날라 준다는 사실을 알고자 하는 것이 아니라. 방금 한 말은 사실이다. 이탈리아의 생물학자인 마르첼로 말피기가 개구리의 폐에서 처음으로 모세혈관을 발견했다. 콩팥의 여러 구성 요소도 발견했다. 심장의 여러 부위에서 혈액이 다양

한 방식으로 응고된다는 사실을. 무척추동물은 폐 호흡을 하지 않는다는 사실을. 첫눈이 일찍 오는 바람에 아이들이 쓸 손모아장갑을 사러 타겟에 갔다가 당신과 내가 우연히 마주치는 지금, 말피기에 관해 이야기해 보자. 미시간에서는 늘 겨울이 다가오고 있는 것 같고, 부모는 항상 겨울 채비를 덜 마친 것 같다. 타겟은 어디에 있어도 똑같고, 타겟에 가면 나는 그 누구든 될 수 있다. 말피기가 활동하던 1600년대에는 선구자가 되고 정복자가 되어 인체의 지도를 그리기가 쉬웠다. 몸속에 무엇이 들어 있는지 알고자 하는, 현미경을 든 남자. 당신 역시 알고자 한다. 당신은 내 옷을 벗기려 하지만 그럴 수 없다. 당신이 입는 옷은 그저 옷이다. 목깃이 구겨진 셔츠. 고등학교 졸업식에서 받은 티셔츠. 그러나 나의 옷은 교묘한 가림막이다. 바인더를 가리고, 곡선을 가리고, 숨어 지냈던 평생이 남긴 구부정한 자세를 가리는. 잡담을 주고받는 동안 끊임없이 나를 훑는 눈길로부터 나를 지키는. 당신은 아마 내 이웃 남자가 되고 싶을 것이다. 나한테는 당신이 나 같은 사람에게 기대하는 조심성이 없기에 그는 벌거벗은 내 몸을 수십 번이나 보았다. 이웃이 어린 우리 아이들 쪽으로 거대한 잔디깎이를 밀고 들어오는 바람에 내 아내와 말싸움을 벌인 그날 밤, 그는 자기 집 창가에 서서 우리가 저녁 먹는 모습을 지켜보았다. 역광을 받은 그의 모습은 꼭 핼러윈 장식 같았다. 그는 가슴 앞에 팔짱을 낀 채로 그릇 다섯 개에 스튜를 나눠 담는 내 모습을 지켜보았고 나는 그가 내 트레이닝복 바지와 티셔츠 속에 있는 것들을 낱낱이 안다는, 알고 있다는 사실을 알 수 있었다. 말피기가 적혈구를 최초로 발견한 사람이 아니라 두 번째로 발견한 사람일 가능성도 있다. 그러나 그는 수많은 것들을 그 누구보다도 먼저 보았다. 몸속에 무엇이 있는지를 아는 것은, 다른 누군가가 이미 그것을 알게 된 이후라도 똑같을까? 인체가 가진 액체, 흐름, 소음. 팽창, 수축, 마치 누군가가 설계한 것처

럼 움직이는, 대화의 소재로 삼을 가치가 있는, 완벽하게 작동하는
시스템.

우리가 새로 이사한 아파트는 오래된 건물 1층에 있다. 윗집에 여
자 친구와 함께 사는 남자의 이름은 새미다. 겨울의 눈이 서서히
녹자 새미가 옥상에서 타월을 깔고 일광욕을 하는 시간이 점점 길
어진다. 그는 자기 침실 창문 바깥쪽을 타고 올라 옥상으로 간다.
그는 유연한 몸매에 긴 금발을 포니테일로 묶고 있다. 아마 이십
대 초반인 것 같다. 그는 웃통을 벗고 정원 일을 한다. 내 아이들
은 민들레 꽃씨를 불고 스쿠터를 타고 동네를 돌아다니고 진입로
에 분필로 '궁둥이' 그리고 '똥'이라고 쓰지만 새미는 기분 좋게 모
른 척한다. 내가 상상하는 이십 년 후 샘슨의 모습과 그가 너무 닮
아 기괴할 정도다. 근육, 바보 같은 미소, 포니테일. 정원 일. 그래
서 나는 몇 마디 주고받은 적도 없는 새미가 마음에 든다. 새미와
여자 친구는 정해진 시간에 들고 난다. 문이 닫히는 소리, 우리 집
부엌 바깥쪽 계단을 내려가는 그들의 발소리가 들린다. 그들은 깨
끗한 금색 지프를 몬다. 음악은 작게 튼다. 나는 새미가 집에 있기
를, 또는 집에 없기를 바라는 일이 없다. 때때로 현관문을 잠그는
걸 몇 시간, 심지어 며칠이나 잊을 때도 있다.

우리는 예전에 살던 집에서 걸어서 5분 거리에 산다. 예전의 이웃,
그 무서운 이웃이 내가 이사한 뒤 또 다른 누구를 괴롭히는 바람에
강제 퇴거당했다는 소식이 들려온다. 내가 그를 세 번이나 경찰에
신고한 뒤, 그 집의 집주인이 우리 집에 찾아와 그를 내쫓지 않는
이유를 변명했다. 모자를 들고 문간에 서서 나와 눈을 마주치지 않
은 채로 그 사람이 실제로 누구를 해친 적은 없잖습니까?라고 말했다.
집주인이 떠난 뒤 나는 나를 살펴보며 어쩌면 그 집주인은 내가 괴

롭힘을 당해도 마땅하다고, 어쩌면 나처럼 딱 붙는 바지를 입고 작은 검정 귀걸이를 하고 그야말로 게이 같은 목소리를 가진 내가 괴롭힘을 스스로 불러들인 거라고 여겼을까 생각했다.

예전에 살던 집 앞을 지날 때마다 나는 그 이웃을 마주칠까 겁에 질린다. 이미 그가 떠난 지 몇 달이나 지났는데도. 이곳은 조용하고 거의 모든 집에 정원이 딸린 살기 좋은 동네다. 필라델피아에서 살던 동네처럼 모든 것이 쇠사슬로 잠겨 있지도 않고, 거리의 벤치와 의자와 화분에 족쇄가 채워져 있지도 않다. '길에 침을 뱉지 마시오.' 마켓의 거리는 나에게 이렇게 외친다. 그 이웃이 동네 식료품점 정육 코너에서 일하기 시작했다는 소식을 듣고 난 뒤부터 카운터에 다가갈 때면 나는 숨을 참는다. 몇 주 전 아이들과 스쿠터를 타고 서드 스트리트를 지나가다가 그, 그 무서운 이웃이 구두 수선 가게 앞에 대어 놓은 진녹색 픽업트럭에서 내리는 모습을 보았다. 속도 늦춰, 나는 목소리를 낮춰 아이들에게 속삭인다. 여기서 돌아가자. 아이들은 왜 그래야 하느냐고 물었다. 말 섞기 싫은 사람을 방금 봤거든, 나는 대답했다. 우리는 돌아섰다. 5월에 스쿠터를 타고 돌아다닐 정도로 따뜻한 날이면 모두가 집 밖으로 나와 있고, 나는 나도 모르게 그가 나를 발견했을 경우에 도움을 요청할 사람을 찾아 골목을 두리번거리고 있었다. 나 같은 사람을 그 누가 도와주겠는가?

우리가 처음 만났을 때 너는 네 친구들 중 몇몇은 네가 최악의 사태를 늘 생각한다고 농담 삼아 말한다고 이야기했었다. 나는 그런 사람이 아니지만, 그래도 브라이언을 생각할 때면 네가 불구가 된 채 병원으로 실려 온 사람들의 옷을 잘라 내기 위해 수술복 가슴 주머니에 넣어 다니는 가위를 떠올린다. 이사를 하기 몇 주 전에는 커피숍이나 바에서 글을 쓰다가 해가 진 뒤 집에 돌아올 때면 휴대 폰을 꺼내 911을 눌러 놓고 통화 버튼 위에 손가락을 가져다 댄 채로 그의 집 앞을 지났다. 그 분노는 무엇 때문일까, 그가 나를 해친 다면 어떤 방법을 쓸까? 그걸 알 수 없다는 게 가장 힘들었다. 평생 사람들은 내 겉모습을 혐오했는데, 예전에는 내가 여자처럼 보이지 않는 여자라서였지만, 지금은 왜일까? 나는 브라이언이 나를 해치는 장면, 갖가지 방법으로 해치는 장면을 상상했다. 너는 우리가 이사하고 난 뒤에야 네가 그 사람, 내 스토커 때문에 얼마나 불안해했는지를 비로소 깨달았다고 한다. 나는 블라인드 사이로 하루 온종일 몇 번이나 바깥을 내다보았고, 이상하게도 그럴 때마다 그는 내가 내다보기를 기다리는 듯 그 자리에 서 있을 때가 많았다. 새로 이사한 동네는 더 조용하고 그는 이곳에 없다.

그럼에도 어떤 밤이면 나는 빨래 바구니를 든 채 아파트 입구에 서서 바인더를 해야 할지, 적어도 스포츠브라라도 해야 할지 고민한다. 우리는 지하 세탁실을 새미와 그의 여자 친구와 함께 쓴다. 나는 늦은 시각, 밤 열 시, 열한 시에 빨래를 하고 너는 그때 일터에 있다. 새미가 나에 관해 알고 있을 이유는 없고, 나는 예전 이웃 때문에 내가 스스로를 좀 더 잘 숨겨야 한다는 교훈을 얻었어야 하는 것이 아닌가 하는 생각으로 문간을 떠나지 못한다. 내가 트랜스라는 사실을 떠올리는 건 종종 이런 순간들이다. 예전 집에 살 때 우리는 커튼을 달아야 한다는 사실을 너무 늦게 알았다. 좋은 트랜스 이웃으로 산다는 것은 아마도 내가 트랜스라는 사실을 누구도 알지 못하게 하는 것인가 보다. 때로 너는 친구가 집에 찾아올 때 내가 바인더를 찾아 입을 수 있도록 미리 경고해 주어야 한다는 사실을 잊기도 한다. 네 직장 동료 중 한 사람은 '행복한 아내, 행복한 인생'이라는 글귀를 새긴 나무판을 가리키며 왜 집에 이런 게 있어?

하고 묻는다. 그녀는 우리를 전통적인 성별 역할로 관계 맺은 사람들로 보지 않는다. 아, 너는 말한다. 예전에 우습다고 생각했거든. 그리고 너와 나는 그 글귀가 여전히 우습다고 생각한다. 우리 결혼식이 레즈비언 결혼식이라고 믿었던 어느 하객이 준 선물이었다. 하지만 모든 것을 설명하지 않고서 왜 우스운지 간단하게 설명하는 방법은 없다. 우리는 몇 달 뒤에 다시 필라델피아로 돌아가기로 한다. 필라델피아의 이웃들은 우리를 3년 만에 보는 셈이다. 너는 예전과 완전히 똑같은 모습이다. 그런데 나라는 문제가 있다. 어쩌면 세상에는 이웃과 전혀 어색하지 않게 지낼 수 있는 장소란 존재하지 않는지도 모르겠다. 어느 날 밤 네가 출근한 뒤 새미가 배달원이 실수로 갖다 놓았다는 도미노 피자 두 판을 들고 우리 집을 찾아왔다. 그의 노크 소리가 깜짝 놀랄 정도로 컸다. 나는 누가 문을 두드릴 때마다 브라이언일까 봐 겁이 난다. 하지만 아니었다. 위층에 사는, 우리 아이들에게 피자를 주고 싶어 하는 마음씨 좋은 남자였다. 아이들은 조금 전에 식사를 마친 뒤였기에 나는 가슴 앞에 팔짱을 단단히 낀 채 고맙지만 됐습니다,라고 했다. 적대적으로 굴고 싶어서가 아니라, 고맙지 않아서가 아니라, 탱크톱 안에 아무것도 입고 있지 않아서였다.

새로 만난 의사의 접수 서류에는 이름이라는 난과 예전 이름이라는 난이 있었다. 그럼에도 나를 찾아 대기실로 들어온 간호사는 이렇게 외쳤다.

크리스틴?

나는 외할머니의 첫 손주였다. 내 어머니는 그녀의 하나뿐인 딸이었다. 우리, 그녀와 나는 수많은 세포를 공유한다. 그녀가 얼마나 행복했을지 나로서는 상상만 할 수 있을 뿐이다, 의사가 어머니의 다리 사이에서 나를 끄집어내며 말했던 순간,

축하합니다.

이 아이는

NORTHERN MICHIGAN UNIVERSITY

ADA B. VIELMETTI HEALTH CENTER
1401 Presque Isle Avenue
Marquette, MI 49855-5301
906-227-2355 | 906-227-2332
www.nmu.edu/HealthCenter

Re: Krystyn Marie Belc

May 3. 2017

a/k/a : Krys Malcolm Belc

DOB: 6/27/1987

I declare under penalty of perjury under the laws of the United States that the foregoing is true and correct.

I have been seeing and treating the above-named person as a patient, and we have an established physician/patient relationship.

He is in the process of gender change, from female to male, and has been taking clinically appropriate hormonal therapy, which has been ordered and closely monitored by me, in accordance with recognized and published medical standards. He is very well informed and compliant with therapy.

He would like to officially change his gender designation on official documents from female (Krystyn Marie Belc) to male (Krys Malcolm Belc). I am in support of this request as he continues the necessary hormonal therapy with excellent results. Please let me know if any further information is needed or if I can assist you or him in any way. Thank you.

████████████ MD (Board Certified Family Medicine)

████████
████

Michigan License number: ████████

FIRST JUDICIAL DISTRICT OF PENNSYLVANIA
COURT OF COMMON PLEAS OF PHILADELPHIA COUNTY
TRIAL DIVISION—CIVIL

IN RE: Krystyn Marie Belc	:	
(a/k/a Krys Malcolm Belc)	:	January TERM, 2017
	:	
Name change	:	No. 2386
	:	

DECREE FOR CHANGE OF NAME

AND NOW, to wit this ⟨25⟩ day of ___April___ 2017, upon hearing of the within Petition and upon motion of ▇▇▇▇▇▇ Esquire, attorney for Petitioner, and upon satisfaction of publication requirement together with proof that there are no judgments or decrees of record or any other matter of like effect against the petitioner, and it appearing that there is no legal objection to the granting of the prayer of the petition,

IT IS ORDERED AND DECREED that the legal name of Krystyn Marie Belc be and hereby is changed to Krys Malcolm Belc.

BY THE COURT:

Abbe F. Fe____
_____
J.

CERTIFIED FROM THE RECORD OF **MAY 0 9 2017**
ERIC FEDER
DIRECTOR, OFFICE OF JUDICIAL RECORDS
PHILADELPHIA COUNTY
BY _____

In Re: Krystyn Marie Belc-ORDER

17010238600011

DOCKETED
MAY 0 2 2017
N. SWEENEY
JUDICIAL RECORDS

COPIES SENT PURSUANT TO Pa.R.C.P. 236(b) P. DIVON 05/03/2017

가슴의 역사

Breasts: A History

내 스포츠브라는 너무 혹사당한 나머지 건조기 안에서 만신창이가 된다. 나는 즙을 있는 대로 짜낸 레몬처럼 충분히 꽉 조인 느낌이 들 때까지 스포츠브라를 몇 겹씩 겹쳐 입는다. 왜 그런 짓을 하는지 이해가 안 된다, 어머니는 브라에 난 구멍을 들여다보며 그렇게 말한다.

Breast: 사람의 가슴, 특히 감정이 깃드는 곳을 가리킬 때.

5학년 점심시간, 남자애들은 시드니의 거대한 가슴 위 티셔츠에 쓰인 숫자를 외쳐 댄다. 애버크롬비 & 피치 1892, 갭 1969. 시드니는 우리 학년 여자애들 중 처음으로 가슴이 생겼다. 프랜신 프로즈는 『마스터 브레스트 *Master Breasts*』에서 가슴은 처음에는 없던 신체 부위… 완전히 새로운 두 개의 기관은 숨기거나 없애기가 어렵고 온 세상 사람들이 다 볼 수 있도록 붙어 있는… 자연은 우리에게 상의한 적 없는 계획을 가지고 있음을, 우리에게 통제권이 없음을 알리는 쌍둥이 전령이라고 쓴다. 나는 여느 아이들과 마찬가지로 주디 블룸의 『안녕하세요, 하느님? 저 마거릿이에요』를 읽고, 어머니에게 들키지 않도록 가방 속 교과서 사이에 숨겨 두고, 궁금한 게 있어도 묻지 않는다. 나는 책 속에서 조만간 다가올 재앙을 읽으며 두려워한다. 아직 가슴이 나오지 않았다는 걸 확인하려고 만져 본다. 난 가슴이 앞으로도 납작하길 바란다.

기꺼이 보여 드리겠지만 효과가 없다는 사실은 말해야겠네요, 이 책이 출판된 지 40년 뒤 블룸은 어느 영상 속 인터뷰에서 이렇게 말한다. 그녀는 조끼를 열어 내 가슴보다 작은 가슴을 보여 준다. 블룸은 그 유명한 가슴아, 가슴아, 커져라. 운동을 시범 보여 주려는 것이다. 그녀는 웃는다. 이를 드러낸 환한 웃음이다. 효과가 없을 뿐만 아니라, 그거 아세요? 그렇게 중요한 것도 아니랍니다.

노라 에프론의 생각은 다르다. 「가슴에 관한 몇 마디 말」에서 에프론은 자신의 작은 가슴에 대해 불같이 화를 낸다. 내가 무슨 말을 하겠는가? 그런 게 있었더라면 난 완전히 다른 사람이 되었을 거다.

내 둘째 여동생 켈시의 가슴은 엄청나게 크다. 내 어머니를 닮은 거야, 내 어머니는 말한다. 길모퉁이를 돌면 가슴이 먼저 나온다니까. 폴라 보글이 1977년 발표한 희곡 『운전 배우기』에 등장하는 호색한 할아버지가 똑같은 닳고 닳은 농담을 한다. 그 애는 그렇게 예민하게 구는 걸 그만둬야 해. 릴빗이 모퉁이를 돌기 5분 전에 젖꼭지가 먼저 나오거든. 손녀에게 왜 대학에 가고 싶으냐고 물으면서는 이렇게 말한다. 걔가 뭣하러 대학 학위가 필요하단 말이냐? 필요한 자격은 전부 가슴팍에 붙어 있는데.

내 여동생 캐슬린의 가슴과 내 가슴은 작다. 어머니는 우리가 운이 나쁘다고 하는데, 스스로를 그렇게 생각하기 때문이다.

우리가 이런 신체 부위에 대해 갖는 생각이 제각기 얼마나 다른가는 매혹적이다. 중학교를 졸업할 무렵 내 가슴이 자라기 시작하자 나는 욕실 거울 앞에 서서 꾸지람을 하듯 혹독한 눈으로 가슴을 노려본다. 이 정도면 됐어, 내 눈이 말한다. 부모님은 텔레비전에 섹스 장면이 등장하면 우리를 내쫓는다. 그 장면 자체보다 우리가 자리를 떠나는 장면이 더 야단스럽다. 남동생들, 여동생들, 내가 자리를 떠났을 무렵에는 섹스 장면은 이미 끝난다. 방 밖으로 아버지가 말하는 소리가 들린다. 별것도 아닌데 뭐. 어머니가 말하는 소리, 우리 애들이 저렇게 거대한 가짜를 봤으면 좋겠어?

손톱을 깎는 것에서부터 다리를 잘라 내는 것에 이르기까지의 모든 것이 도덕적 또는 윤리적 판단의 스펙트럼 어딘가에 위치한다. ―수전 스트라이커

처음 가슴을 없애려는 시도에 진지하게 뛰어들 때 나는 열다섯 살이다. 병원에서는 내게 체중계에 올라가라고 한다. 발이 시리다. 모든 게 차갑다. 그들은 나더러 옷을 벗으라고 한다. 주머니에 25센트 동전으로 4달러를 넣어왔다. 컵 아랫부분에 와이어가 들어 있는 브라를 하고 있다. 이런 것들 하나하나 덕분에 내가 조금 더 무거워 보일 거라고, 괜찮아 보일 거라고. 기준은 이렇다. 체중이나 체형의 성숙을 방해하거나, 자기 평가에 있어 체중이나 체형이 과도한 영향을 끼치거나,

현재의 저체중의 심각성을 받아들이지 않는 것. 나는 45킬로그램이다. 그들은 내게 목표 체중이 있느냐고 묻는다. 저는 그냥 사라지고 싶어요, 내가 말한다.

열다섯 살 때 재닛 목은 임신한 말의 소변으로 만든 에스트로겐 제제인 프레마린을 복용하기 시작했다. 그녀의 트랜스젠더 친구들에게서 받은 것이다. 불확실한 나날 동안 이런 지하 조직을 통해 얻은 자원들이 나를 이끌어 주었다,라고 그녀는 쓴다. 하지만 나는 오롯이 혼자다. 열다섯 살의 나는 내가 느끼는 감정이 다른 많은 사람들 역시도 느끼는 감정이라는 사실을 모른다.

나는 가톨릭 여학교에 진학한다. 고등학교 종교학 선생은 우리 같은 사람들은 그녀의 표현대로라면 고독한 인생 취급을 받는다고 끝도 없이 말한다. 그녀는 유방암에 걸려 왼쪽 가슴을 절제한다. 다시 학교로 돌아온 그녀는 예전과 딱히 달라진 게 없어 보이지만, 어느 날 나 역시 알아차린다. 한쪽만 남은 가슴은 두렵다는 것, 왼쪽 가슴이 완전히 없어져 버리자 오른쪽 가슴은 엄청나게 커 보인다는 것. 그때 나는 가슴이 영원히 존재해야 하는 건 아니라는 사실을 처음으로 느낀다. 이 선생의 비극으로부터 짜릿한 가능성의 전율을 느낀다. 반 아이 한 명이 수업이 끝날 때까지 기다렸다가 선생의 균형이 안 맞는 가슴을 지적한다. 부적절한 말인지도 모르겠지만, 혹시 뭐 잊어버린 거 없으신가 해서요.

Breast: 의복에서 가슴 부위를 덮는 부분. (예: 가슴 주머니 breast pocket)

주디 블룸은 유방암으로 양쪽 가슴을 잃고 이렇게 쓴다. 내 조밀하고 작은 두 가슴은 세월에 잘 단련되었다. 다른 부위들이 늘어질 때 가슴만은 생기가 넘쳤다. 나는 그것들을 꽤 좋아하게 되었다. 그러나 오래지 않아 가슴의 감염 사실을 알게 되었을 때 그녀는 어렵잖게 절제를 결심했다는 이야기다. 가끔, 내 가슴들 역시도 감염되었으면, 하는 지독한 심정. 집을 떠나 대학으로 오자 어머니가 전화를 걸어 악몽을 꾸었다고 한다. 네가 남자가 됐더라. 심지어 가슴도 잘라 냈더라. 어머니가 말한다. 나는 웃는다. 참 이상한 꿈이네요. 다들 어떻게 지내요? 나는 묻는다. 어머니는 한 명 한 명씩 나머지 다섯 자식들의 안부, 꿈에서만 일어난 게 아닌 최근의 과오들을 읊기 시작한다.

그런대로, 나는 다시 음식을 먹기 시작한다. 나 스스로를 사라지게 만들지 않을 것이다. 나는 온전한 상태로 남아 있다. 하지만 꿈속에서 나는 가슴을 거대한 양초로 녹인다. 아니면 잠에서 깨어났는데 가슴이 없고 의사가 말한다. 사고가 있었습니다. 하지만 이런 결과를 가져오는 사고가 존재하기는 할까? 히포크라테스는 폐경이 유방암을 유발한다고 믿었다. 중세 여성들은 가슴이 무언가에 부딪치면 유방암에 걸릴 수도 있다고 생각했다. 내 할머니는 유방암으로 돌아가셨다. 오랜 세월에 걸쳐 암은 할머니를 서서히 갉아 먹었다. 내 가슴 역시 그런 병으로 사라지게 될까?

오드리 로드는 유방절제술을 받은 뒤에 이렇게 썼다. 신체 절단은 새로운 자아감에 통합되어야 하는 신체적/정신적 현실이다. 내 가슴이 부재한다는 슬픔이 자꾸만 돌아오지만 그렇다고 분명 내 인생을 좌지우지할 정도는 아니다. 가슴이 그립다, 때로는 미어질 만큼. 그녀는 재건 수술과 보형물 삽입을 거부하는데, 자신의 신체가 유방암 생존자의 가시성을 드러내는 목격자가 되기를 바라서다. 오늘날 이는 고잉 플랫going flat이라는 표현으로 불린다. 믿을 만한 이식물이 등장하기 전까지는 기적적으로 유방절제술에서 살아남았다 해도 납작해지는 것 말고는 다른 선택지가 없었다.

임신한 몸으로 파트너의 상체 수술top surgery을 위해 플로리다로 향하던 매기 넬슨은 이렇게 썼다. 다른 날, 채널을 넘기던 우리는 두 번의 유방절제술 끝에 회복 중인 유방암 환자가 나오는 리얼리티 쇼를 보기 시작했다. 출연자가 우리가 하는 절제 부위의 관을 비우고, 바인더를 풀 때까지 차분하게 기다리는 과정을 정반대 감정으로 수행하는 것을 보고 있자니 묘했다. 나는 태어나서 처음 트랜스를 만났을 때 그 두 단어, 상체top와 수술surgery이 함께 쓰이는 것을 처음 들었다. 그는 블로그를 했는데, 링크를 통해 다른 블로그로 연결되고, 또 다른 블로그로 연결됐다. 나는 그 글들을 읽기 시작했고 도저히 멈출 수 없었다.

히틀러는 그를 독일에서 가장 위험한 유대인이라 불렀다. 트랜스젠더 수술을 최초로 옹호한 이 중 하나인 마그누스 히르슈펠트는 1931년 최초의 성별 정정 수술이었던 도라 리히터라는 트랜스 여성에 대한 수술 시행을 도왔다. 그는 우리가 도움, 지원, 수용이 필요한 사람이라고 처음으로 목소리를 내 주었다. 나치 정권이 벌인 분서 행위 중 가장 잘 알려진 사진에는 마그누스 히르슈펠트의 성과학 연구소 도서관을 파괴하는 모습이 담겨 있다. 우리가 되기를 배울 수 있는 우리의 도서관.

내가 처음 상체 수술에 대해 알아보기 시작했을 때 내가 집도의와 수술 결과에 대해 얻을 수 있는 정보라고는 트랜스젠더들이 수술 이전과 이후 사진을 올리는 허접한 웹 사이트 트랜스버킷이라는 곳에 나오는 게 전부였다. 나는 그들의 가슴 아래 기다랗게 남은 반원형 상처, 딱지가 앉은 시커먼 젖꼭지가 그 자리에 다시 꿰매져 붙은 사진을 바라보았다. 벗은 가슴 옆에 피 주머니가 매달려 있었다. 셔츠를 입고 있으면 그저 상체가 평평한 사람이지만, 여기서 그들은 자신의 변화를 보여 주기를 선택했다.

가슴 수술은 오래전부터 실행된 수술임에도 마취와 소독술이 발달해 가슴, 림프절과 흉근을 모두 제거하는 급진적 수술법인 할스테드 기술이 도입된 1880년대 전까지는 흔치 않고 실패율이 높았다. 1880년대 이전에는 지짐술과 조잡한 절단이 표준이었다. 유방암이란 무시무시한 비밀이고 처벌이며 드러나서는 안 되는 것이었다. 1811년 소설가, 수필 작가이자 극작가인 동시에 초기 유방절제술의 얼마 안 되는 생존자이기도 한 패니 버니는 자매에게 편지를 써 파리 근교 자택에서 급진적 수술을 시행한 일군의 의사들의 손에서 자신이 겪은 고통을 상세히 전했다. 그때 나만큼이나 새하얗게 질린 래리 박사가 보였어. 얼굴에는 핏줄기가 묻어 있고, 표정은 애도와 불안, 거의 공포에 가까웠지. 그 글을 읽고 몇 주 동안, 밤에 눈을 감으면 내 침대 옆 협탁에 놓인 물그릇에 담겨 있는 메스, 더러운 수술 장갑을 낀 채로 침대 옆에 서 있는 일군의 의사들이 생각난다. 돌아누워 여자 친구를 안고 여자 친구의 셔츠 안에 손을 넣어 작고 단단한 가슴을 만진다. 그렇게 다시 잠이 든다.

Breasts: 조류나 포유류의 가슴 부위에 해당하는 고기.

취했고, 답지 않게 충동적일 때는 싫어라고 대답하기 어렵다. 고향에 돌아와 있던 어느 날 밤 나는 어쩌다 보니 어린 시절 가장 친했던 친구와 애무하고 있다. 나는 스물한 살이다. 그녀가 내 머리카락을 움켜쥐고 오랫동안 그리웠다고 말한다. 넌 정말 아름다웠어, 그녀가 말한다. 그녀에게서 맥주 냄새가 난다.

그녀가 방금 한 말을 듣고 그녀의 이가 내 가슴을 잘근거리고 있다는 걸 느끼기까지의 두려운 몇 분 동안, 나는 나에 대해 모르는 누군가가 내 옷을 벗기고 내 몸을 손으로 더듬게 내버려 두었다는 사실을 깨닫는다. 내가 싫어,라고 한 걸 들은 게 분명한데도 그녀는 다시 이로 내 몸을 훑어 내려간다. 그녀는 키가 183센티미터가 넘는다. 나보다 22.5킬로그램은 더 나간다. 싫다는 말을 세 번째 했을 무렵 그녀의 손은 나로서는 내게 있지 않았으면 하는 신체 부위 안에 거의 들어와 있다시피 한다. 우리가 있는 곳은 가로등도 인도도 없고 이게 무엇인지 그 누구도 이해할 수 없는 동네에 자리한 그녀의 부모님 집 지하실이었다. 나중에, 나는 그녀에게 집까지 태워다 달라고 해야 한다.

대학 시절 여자 친구와 나는 다시 사귀기 시작하고 더 진지한 사이가 된다. 그렇게 2년을 함께한 뒤 나는 그녀에게 내가 여성이 아니라고 말한다. 지금까지 그 누구에게도 해 본 적 없는 말이다. 우리는 방금 섹스를 한 뒤다. 그녀가 아무 말도 하지 않아서 나는 다시 옷을 입고 비밀이 아직 유효한 척한다.

첫 부임한 고등학교에 있는 내 책상 위에 에이드리언 리치의 『공통 언어를 향한 꿈』을 한 부 두었다. 그 책을 보면 다른 학생들이 전부 집에 갈 때까지 기다렸다가 내게 조용히 그 책을 권했던 고등학교—그 가톨릭 여학교—선생님이 떠오른다. 내 안에서 무언가를 필요로 하는 누군가를 알아본 분.

「40대에 죽은 한 여성」에서 리치는 사랑하는 친구의 수술 후 가슴을 '상처 나고 삭제된 몸통'이라고 부른다. 점심시간, 내게 왜 남자가 되려는 거예요, 선생님? 하고 묻던 어느 학생의 질문을 잊어버리고자 그 글을 바라본다. 다시, 방문 사이트 목록에 있는 그 단어를 바라본다.

할머니가 유방암으로 돌아가셨기에 어머니는 나 역시 특별히 유방암, 그리고 다른 종류의 암에 취약한지 검사를 받아봐야 한다고 권한다. 아버지는 직장암을 이겨 냈다. 어머니는 흑색종을 두 번이나 이겨 냈다. 하지만 나는 검사를 받지 않는다. 나는 병원에 가지 않을 수 있는 상황이라면 절대 가지 않는다. 어머니로부터 최근 받은 유방 조영술 이야기를 들은 뒤 나는 집에서 유방 절제 이후 모습을 보여 주려 용감하게 포즈를 취한 사람들의 몸통을 온라인으로 찾아본다. 암을 절제하는 것은 가슴을 남성의 가슴처럼 보이게 만드는 것과는 전혀 다르다. 이는 기능적인 재-이미지화다. 부적당한 것을 잘라 낸다는 것은 공통적이지만 탈의실에서 어떻게 보일까에 대한 고려는 없다.

어머니는 이번 유방 조영술이 평소보다 아팠다고 하는데, 그것은 얼마 전 아버지가 어머니의 생일 선물로 유방 확대술을 시켜 주었기 때문이다. 어머니는 내 놀란 표정을 보며 말한다. 날 판단하지 말거라, 아이를 낳고 나면 가슴 모양이 어떻게 되는지 넌 모르잖니. 하지 않은 말: 넌 영영 모를 거야. 하지 않은 또 다른 말: 너는 어쩌면 네가 마땅히 되어야 할 모습과 그토록 닮은 데가 없니? 그리고 마지막으로, 하지 않은 또 다른 말: 그냥 주어진 것에 만족하면 안 되니?

최초의 현대적인 실리콘 유방 이식술을 성공적으로 받은 사람은 애초에는 유방 이식을 받고 싶은 생각이 없었다. 1962년, 티미 진 린지는 가슴에 새긴 커다란 타투를 제거하려고 휴스턴의 한 병원을 찾았다. 그곳에서 유방 이식 수술 실험에 참여할 자원자를 구하는 의사를 만났을 때, 그녀는 자신의 외모 콤플렉스 중 가장 큰 것은 그녀의 표현대로라면 덤보처럼 튀어나온 커다란 귀라고 했다. 그녀는 실험을 통해 가슴에 보형물을 집어넣는 대가로 귀의 위치를 제자리로 돌려놓는, 그녀의 경우라면 뒤로 눕히는 수술인 귀성형술을 받기로 했다. 나는 이 거래에 대해 생각해 본다. 내 몸에 무엇을 집어넣게 할 것인지. 또 무엇을 빼내게 할 것인지.

이 수술을 성공적이라고 표현하는 건 티미 진 린지가 아직 살아 있기 때문이다. 보형물은 제자리에 그대로 있어 주었다. 최초의 수술이라고 표현하는 건 티미 진 린지가 여성이기 때문이다. 그녀가 등장하기 전에 이 보형물의 진정한 최초 희생자는 에스메랄다라는 이름의 개였다. 수술 몇 주 뒤 에스메랄다가 꿰맨 자리를 격렬하게 물어뜯는 바람에 결국 제거해야 했다. 에스메랄다는 보형물을 싫어했을 뿐 어떤 부작용도 보이지 않았고, 그렇게 보형물은 우리의 몸속에 들어올 준비를 마쳤다.

우리의 첫아들이 태어났을 때 애나는 무척이나 슬퍼했다. 대학을 졸업하고 딱 한 번, 그녀가 밝은 오렌지색 머리를 가진 키 큰 의사라고만 설명한 의사를 만나던 시절, 나로는 충분하지 않고, 책으로는 충분하지 않고, 공원으로는 충분하지 않고, 출근을 하려면 약을 먹어야 했던 시절처럼 슬펐다. 손이 울면 애나는 마치 지금 일어나는 일이 전혀 이해가 되지 않는다는 듯이 그 애를 보고, 나를 보고, 다시 그 애를 봤다. 네가 할 일은 말 그대로 젖 먹이는 것밖에 없잖아, 그렇게 말하며 나는 그녀에게, 그리고 그녀에게 이런 부담을 준다는 데 그녀의 가슴을 이런 식으로 통제해야 한다는 데 역겨움을 느꼈다. 그 애가 원할 때면 때로는 한 시간 내내 다른 누군가에게 자신의 몸을 내주라고 말해야 한다는 게. 그녀는 상의를 걷어 올리고 수유를 한 다음 아기를 데려가라고 다시 내 품에 건넸다.

밤이면 애나는 필라델피아에서 가장 아픈 사람들, 온몸에 관이며 철사가 꽂혀 있는 남자들과 여자들을 간호한다. 모든 걸 간호사가 다 해 주어야 하는 환자를 가리켜 전적인 돌봄이 필요하다고 한다. 애나는 더 이상 글을 쓰지도, 연기를 하지도 않는다. 그녀는 이제 내가 대학에서 만난 그 여자가 아니다. 아기를 가지고 아기에게 젖을 주는 과정이 그녀를 변하게 했다. 그녀가 집에 돌아와 낮 시간에 자고 있을 때면 내가 때때로 아기를 그녀의 몸에 올려 놓고 상의를 걷어 올려 젖을 물려 주기도 했다.

유방암은 대다수가 가슴의 주인이 발견한다. 한 일류 외과 의사는 수술 후 자신의 신체를 알아가세요, 하고 주의를 준다. 내 가슴은 작고 부드러우며, 한쪽 젖꼭지는 보통이지만 다른 젖꼭지는 안으로 쑥 들어가 우울해 보이는 함몰 유두다. 기능이 아니라 형태의 기이함으로 보인다. 나는 직접 수유를 할 생각이 없다. 그날이 오기 전까지는.

추수감사절 전날이자, 친구의 정자를 주입한 지 2주가 지났을 때, 나는 젖꼭지를 아프게 찌르기 시작해 가슴 전체로 번진 아픔을 느끼며 잠에서 깬다. 임신테스트기를 여러 가지 조명에 비춰 본 끝에 두 번째 줄이 희미하게 보인다고 결론을 내린다. 우리는 아이들의 터울이 적기를, 가능하면 아일랜드식 쌍둥이*로 하기로 정했지만, 아내가 수유를 하는 동안에는 배란하지 않기 때문에 2순위 자궁을 택했던 것이다. 이틀 뒤 선이 사라진다. 피가 난다. 온종일 내 가슴이 느껴지고, 매시간 통증이 줄어가고, 나는 상실을 애도한다.

---

* 터울이 12개월 미만인 형제자매.

존재하지 않았어야 마땅한 몸에서 생겨난, 존재할 수 있었을 아기. 그 애는 7월생이었을 것이다.

하지만 이 몸은 그 바탕부터가 생물학적 운명을 충실히 따르겠다는 강한 의지로 이루어져 있다. 어떤 사람은 잘못된 몸에 태어났을지도 모르지만, 나는 아니다. 나는 내게 아이를 가질 자유를 준 몸으로 태어났고, 이번에 그 아이는 사라지지 않는다. 나는 침대에 누워 지내지는 않지만, 7년간 사랑한 내 아내에게 임신한 내 가슴을 만져 보라고 하면서 처음으로 망설인다. 그냥 조금… 다르게 느껴져. 좋은 의미로. 내가 여성이 아니라고 했을 때 그녀는 주춤했는데, 이제는 이 가슴 앞에서 놀란다. 거대한 젖꽃판. 아직 태어나지 않은 둘째 아들이 태어나서 이 가슴의 주인이 되었을 때, 가슴을 찾도록 도와줄 과녁.

유방은 대체로 암에 취약하다. 유방의 내부는 독성 물질을 쉽게 흡수하는 다공성이다. 세상이 독성 물질을 아무렇지 않게 받아들이는 지금, 가슴을 가진 우리가 가장 먼저 중독된다. FDA는 현재 식품에서 사용하는 수준의 비스페놀A(BPA)는 안전하다고 주장한다. 그와는 반대 주장을 담은 연구도 많다. 필라델피아의 학교 급수대는 안전하지 않기에 나는 출근길 학교 맞은편에 있는 '폴리스'라는 피자 가게에서 생수를 산다. 출산 전후 쥐를 BPA에 노출시키는 실험에서 유방에 악성이자 전이성 종양이 유발되었다. 유방암. FDA는 그럴 수도 있으니 걱정이 된다면 플라스틱이나 깡통 사용에 주의하라고 한다. 임신한 사람들은 물을, 그것도 많이 마셔야 한다. 이 세상에 이 몸을 가지고 살아가는 이상 안전할 수는 없다.

애나가 직장 동료에게 내가 임신 중이라고 말하면 그들은 이런 말을 한다. 와, 좋겠다. 크리스가 널 진심으로 이해할 것 아냐. 집에 와서 애나는 그 말을 듣고 기분이 나빴다고 털어놓는다. 퀴어이기 때문에 더 쉽게 이해할 수 있을 거라는, 자궁과 가슴이 있다고 해서 우리의 경험이 똑같은 것일 거라는 추측이 싫었다고 말이다.

임신은 유방을 보호해 주고, 모유 수유도 그렇다. 아이를 일찍 낳고 수유를 위해 신체를 사용하는 기간이 길수록 보호 효과는 커진다. 이상하다, 내가 하는 결정이. 이상하다, 이 고통이 제공하는 보호가. 온라인에 나오는 온갖 정보들이 모유 수유하는 여성, 모유 수유하는 어머니를 언급한다. 그러나 나는 여성이 아니다, 어머니도 아니다. 나는 수유는 어떤 기분일까?를 검색하지만 임신 9개월이 될 때까지 만족스러운 대답을 찾지 못한다. 대부분의 응답자들은 이 질문을 자신이 수유와 맞지 않았던 이유를 이야기할 기회로 보고 있었다. 나는 내 미래를 우울한 눈으로 응시한다. 나, 인간 자판기.

샘슨이 태어날 무렵 나는 79킬로그램이다. 소시지를 껍데기 안에 채울 때, 엄지를 소시지에 힘 있게 누르면 손을 빼고 난 뒤에도 움푹 파인 자국이 남는다. 그러지 않으면 껍데기 안 소시지가 과하게 차서 터져 버린다. 진통 때문에 내 복부는 팽팽하게 당겨진 껍데기가 되어 복막이 찢어질 것 같다.

무슨 옷을 입어야 할지 모르겠다. 온갖 옷을 챙기지만 그 시간이 내 삶에서 내 가슴을 완전히 잊고 있었던 유일한 몇 시간이다. 분만센터에 도착하자마자 셔츠가 찢어져 버린다.

실제로 수유를 해 보니 샘슨은 진공청소기고 나는 특별히 더러운 러그가 된 기분이다.

신체에 모유 분비를 알리는 신호는 태반이 떨어져 나가는 것이다. 태반이 자궁벽에서 떨어져 나가면 체내 프로게스테론이 급격히 감소한다. 얼마 뒤, 아기를 가슴에 올려 놓으면 보통은 수유를 시작할 수 있다. 나에게 있는 출산 계획이라고는 이렇게 말하는 게 다였다. 난 내 태반을 보고 싶지 않아. 나는 내 장기가 밖에 나와 있는 모습을 보고 싶은 생각이 없다. 라틴어로 납작한 케이크라는 말에서 유래한 단어인 태반placenta.

일반적으로 아기가 가슴을 몇 분간 빨아야 젖이 분출되기 시작한다. 샘슨의 입이 내 젖꼭지에 닿는 순간 젖이 격렬하게 뿜어져 나오기 시작했다. 젖꼭지에는 구멍이 하나만 있는 게 아니었다. 인간이 소와 다른 점 중 하나는 우리가 가진 젖줄의 수다. 소에게는 젖줄이 하나 있다. 우리의 젖줄에는 여러 개의 작은 구멍이 나 있어서 수많은 작은 구멍에서 동시에 젖이 뿜어져 나온다. 그런 구멍이 몇 개나 있는지 모르겠다. 새어 나오는 젖을 막느라 분주해 세어 볼 생각을 못해서다. 한쪽 젖꼭지를 엘리베이터 버튼처럼 누르고 있으면 아무것도 나오지 않기 때문에, 그제야 무엇을 할지 생각할 시간이 생긴다.

밤이면 갓 태어난 내 아들—그리고 이제 막 걸어 다니는 다른 아들—과 함께 침대에 눕는다. 그 애는 2년이라는 긴 세월 동안 머그 컵이라도 된다는 듯 내 가슴 옆쪽을 주먹으로 꽉 쥐고 내가 잠들려 애쓰는 동안 나를 빨아 마셨다.

내 배는 하얗고 매끈하고 샘슨이 태어난 지 몇 주 후 옛 모습으로 돌아가 있다. 내 가슴은 다르다. 매일 더 커진다. 옆부분을 따라 성난 것 같은 보라색 튼살 자국이 생긴다. 임신 9개월이 지나자 나는 샘슨에게 천천히 내 체중을 전달해준다. 그러나 출산 후 일주일 뒤, A컵이던 내 가슴은 적어도 D컵은 된다. 아침에 눈을 뜰 때마다 더 크고 부풀어 올라 분화를 시작할 것만 같다.

Breast: 출산 후 아기에게 젖을 분비하는, 여성의 상반신에 달린 두 개의 부드럽고 돌출된 기관.

나는 친구와 함께 매사추세츠에서 열리는 브라질리언 주짓수 캠프에 가는 길에 차를 세우고 던킨 도너츠 화장실에서 유축을 한다. 변기에 앉아 수동 유축기를 꺼냈다. 지나치게 오랜만의 유축이라 가슴이 자갈로 꽉 찬 자루처럼 단단하다. 나는 한 손으로 유축기를 조작하며 옛날식 물 펌프처럼 플라스틱을 누르고 다른 손으로는 새하얀 젖을 짜낸다. 가슴 윗부분에서 시작해서 손바닥으로 쓸어내려 젖줄기로 내보낸다. 고르면서도 절제된 동작으로, 아래로 짜 내린다. 절대 당기지 않는다. 15분 뒤 나는 따뜻한 젖병 두 개를 들고 나와 친구를 향해 제물처럼 들어 보인다. 그녀 역시 웃는다.

그것들은 음식이다. 그렇지 않나? 역사는 우리가 아기들에게 젖을 먹이는 동물적인 행위가 아기들에게 최선의 방식이 맞는지에 관한 논쟁으로 들끓었다. 만약 그게 최선이라면, 어떻게 최선이라는 뜻인가? 나도 그 일을 해야만 하나? 출산 및 분만을 담당하는 간호사인 내 아내는 모유 수유가 실제로 중요하다고 생각한다. 그녀는 수유 컨설턴트 시험에 응시하려고 대학 수업을 듣기 시작했다. 주방 조리대 위에 놓여 있던 그녀의 보고서를 집어 들고 잠시 읽어 본다. 있잖아, 나는 아무렇지 않은 어조를 흉내 내며 말한다, 부모라는 표현을 써야지. 어머니 대신에 말이야. 수유에 대해 말할 때는. 그러나 애나는 나를 노려본다. 고작 바보 같은 수업에 제출하는 보고서일 뿐인 걸. 모든 걸 그렇게 심각하게 받아들이지 마.

평생 동안 나는 먼저 수술을 받고 나중에 호르몬 요법을 시작하게 될 거라고 생각해 왔다. 하지만 아기를 안지 못한 채로 6주라는 시간을 바칠 준비가 되지 않았다. 지금도, 또 앞으로 몇 년간도 그럴 것이기에 나는 4월의 어느 뜨거운 오후 퀴어 병원에 앉아 있었다. 두 손으로 밀어넣어야 해요. 굵거든요. 나에게 방법을 알려 주는 간호사가 말한다. 그는 예쁘다. 지방이 많은 곳에 주사해야 해요. 배가 가장 좋죠, 그가 말한다. 바로 여기요. 그가 내 배꼽 바로 옆을 굵은 손가락으로 짚는다. 외모를 위해 극단까지 간다는 게 새로운 일은 아니잖아, 나는 그렇게 생각한 뒤, 주사기에 든 걸쭉하고 기름진 고름 같은 색의 액체를 양 손가락으로 꼬집듯이 뱃살 속에 밀어넣는다.

미국의 여성 중 4퍼센트나 가슴에 보형물을 삽입했다고 보는 연구도 있다. 유방 확대술은 90년대에 급격히 감소했다가 다시 늘어나 2016년에는 약 30만 건에 달했다. 최근 지방 이식 확대술이라는 수술이 다시금 유행하게 되었다. 이 수술법은 신체의 다른 부위에서 추출한 지방을 가슴에 삽입하는 것이다. 기존에 가슴에 주입할 수 있는 지방의 양은 평균 4.5온스에 불과했다. 수술받는 사람이 수술 전 가슴 내 공간을 만들 수 있는 석션 브라를 몇 주간 입어 사전 확장을 거치게 한 뒤에는 거의 8온스에 가까이 늘어났다. 나는 거울 속 내 가슴을 보면서 그 가슴이 커다랬던 때를 떠올린다. 우리가 하는 선택들, 우리가 택하는 변화들을 생각한다.

나는 내가 무언가에서 벗어나 다른 무언가를 향해 가고 있음을 자각하고 있다. 그 자각이 나를 부추긴다. 이 경계 공간에서 내가 속옷 차림으로 집 안을 돌아다니는 것에 그치지 않고 엘리베이터에서 만난 낯선 이들에게 몇 층 가시죠? 하고 묻는다. 미소를 짓는다. 이 새로운 신체는 오로지 적절한 만큼의 공간만 차지한다는 사실을 지각하면서, 그들 앞에서 상체를 숙여 가고자 하는 층의 버튼을 누른다. 학생 한 명이 내 수업을 망치려고 갑자기 노래를 불렀는데 나는 나도 모르게 춤을 춘다. 선생님, 미쳤네요. 학생이 말한다.

내 친구의 친구이자, 크로스핏 체육관에 같이 다니는 한 20대 여성이 유방암을 진단받았다. 몇 달 뒤 그녀가 유방을 절제하고 나타나자 나는 우리 코치가 그녀의 새로운 신체 운용 능력을 확인하는 모습을 보지 않으려고 애쓰면서 바라본다. 그녀는 시험 삼아 팔을 위로, 옆으로 뻗는다. 몇 분 뒤 그녀는 턱걸이 철봉 옆에 앉아 얼굴을 두 손에 묻는다. 내가 턱걸이를 할 때 때때로 철봉이 내 젖꼭지를 스친다. 나는 훗 날을 위해 가동 범위를 기억해 두면서 미칠 것 같은 질투심 을 느낀다. 난 내 가슴이 없어지고 그녀가 자기 가슴을 돌려 받으면 좋겠다.

나는 퀴어들의 체스트 바인딩을 다룬 최초의 중요한 논문 이 발표되기 몇 주 전에야 처음 바인더를 산다. 바인더는 매 끄럽고 작은 비닐 슬리브에 수축 포장되어 있다. 바인더를 입으니 내가 영원한 들숨 속에 갇히는 기분이다. 논문에서 는 임상의는 바인더가 유발할 수 있는 신체적 위해를 환자 가 보고하는 정신 건강 또는 삶의 질의 이점과 잘 비교해야 한다고 한다. 수영할 때, 잘 때, 운동할 때는 바인더를 입어 서는 안 되었다. 4월의 어느 뜨거운 토요일, 나는 그 경고를 무시한다. 바인더를 입고 헬스장에 가서 더위 속에서 어느 낙관적인 여성 옆에서 달린다. 나는 숨을 쉬려고, 공기를 끌 어모으려고 애쓰다가 이곳에서 기절하고, 그 바람에 모두가 겹겹의 옷 속에 무엇이 있는지 알게 되는 악몽과 싸운다.

온라인에 게시된 수술 결과가 모두 좋지는 않다. 여러 단계 에는 경고가 붙어 있다. 우리는 우리의 몸을 여기에 맡겨야 한다. 호르몬이 하는 일을 그 누구도 정확히는 모르기 때문 이다. 나는 호르몬 요법을 십 년간 받고도 아이를 가졌던 사 람을 여럿 알면서도, 이 요법 때문에 불임이 될 수 있음을 알고 있다는 서류에 사인했다. 히르슈펠트의 도서관이 불탄 지 수십 년이 지났는데 우리는 아직도 실험 중이다. 이 모든 것이 가지는 진짜 위험을 그 누구도 모른다. 내 가슴은 점점 줄어든다. 지방이 재배치되면서 가슴을 떠나 배로 간다. 누군가가 깔고 앉은 방귀 쿠션 같다.

어떤 트랜스들은 사람들이 정확한 대명사를 써 줄 때의 기분, 거울을 보고 변화를 확인할 때의 기분, 겹겹의 붕대를 벗어던졌을 때 새로운 내가 아니라 진짜 내가 등장했을 때의 기분을 젠더 유포리아라고 표현한다. 트랜스버킷닷컴 다음에는 유튜브가 등장했고, 그곳에 상체 수술 이후의 모습을 보여 주는 동영상이 수백 개씩 올라왔다. 마스크를 낀 의사가 붕대를 풀자 울고 웃는 사람들. 나는 아이들이 잠자리에 든 뒤 이런 동영상을 보면서 익숙한 충동과 혐오를 느낀다. 한 친구가 나를 페이스북에 개설된 상체 수술 질의응답 그룹에 초대한다. 멤버가 1만 명이다. 그들 대부분은 이 수술이 자유로 가는 수단이라고 쓰지만, 나는 다음 질문에 붙들려 꼼짝할 수 없다. 내가, 언제의 내가, 어떻게 내가 그것들 없이 살아가는 법을 배울 수 있을까?

우리들은 모두 순응이라는 압박과 탈출을 제공할 것처럼 보이는 선택지에서 오는 차이라는 고독에 매일같이 시달린다. ─오드리 로드

우리는 보통 유방 검사를 하거든요? 가족계획협회 간호사가 말한다. 나는 이곳에서 천 마일 떨어진 작은 마을로 이사해서는, 출산하자마자 드디어 임신이 끝났다!라고 외치는 바람에 필라델피아의 조산원을 빵 터뜨린 뒤다. 우리는 보통 유방 검사를 하거든요? 이런 식이다. 내가 대답해야 하는 질문. 아직 있는데요. 나는 내 가슴에 두른 겹겹의 층을 향해 손짓

한다. 바인더, 티셔츠, 또 다른 티셔츠. 이 밑 어딘가 있을 거예요. 간호사는 내 농담에 안심한다. 나도 그녀를 위해 그런 식으로 말한 것이다.

어떤 사람에게, 아니면 어떤 상황에서의 어떤 사람들에게는 우유부단이 괜찮고, 심지어 바람직한(예: '젠더 해커') 반면 다른 사람들, 아니면 어떤 상황에서의 다른 사람들에게는 여전히 갈등이나 슬픔의 원천임을 무슨 수로 설명할 수 있을까? ― 매기 넬슨

체육관에서 한 젊은 남자가 내게 다가오자 나는 내가 운동기구를 점거하고 있다고, 세트와 세트 사이 벤치에 앉아 몇 페이지씩 책을 읽는다고 고함을 지르는 것이 아닌가 걱정한다. 그게 뭡니까? 그가 묻는다. 아, 나는 그렇게 말하며 읽고 있던 플로렌스 윌리엄스의 『가슴 이야기 *Breasts*』를 들어 보인다. 그는 체육관에서 가슴에 대한 책 한 권을 통째로 읽는 남자에게 계속 작업을 걸고 싶은지 확신이 없는 듯 망설인다. 그가 모르는 것이 있다면 책이 한 권이 아니었다는 것이다.

내가 속한 트랜스 남성 서포트 그룹에 속한 이들이 한 사람씩 상체 수술을 받기 시작한다. 우리는 전화 상담, 일정 조정, 병가에 대해 이야기를 나눈다. 수술명을 밝히지 않고 병가를 어떻게 내는지, 직장에 복귀한 다음 동료가 정수기의 꽉 찬 물통을 교체해 달라고 할 때 어떻게 거절해야 할지. 그들은 매주 자신들의 가슴이 사라지기까지 몇 주가 남았는지 말한다. 이메일로, 전화로, 다시 이메일로 보험회사와 싸운다. 진정서를 제출한다. 우리는 그들을 위해 분노한다. 오

로지 우리만이 그들을 위해 분노한다. 그러다가 몇 주 동안 그들은 사라진다. 그리고 우리는 그들이 돌아오면 마침내 그들이 짐을 내려놓았으리라는 것을 안다.

서포트 그룹의 그 누구도 가슴을 계속 남겨 둘지 아닐지를 결정할 수 없으면 어떻게 해야 할지 이야기하지 않는다. 가슴을 향한 강렬한 고마움과 혐오감을 동시에 가지는 것이 정상인지도 말하지 않는다. 내가 속한 서포트 그룹에는 직접 수유를 해 본 사람이 아무도 없다. 병에 걸렸으면, 그래서 결정을 타인의 손에 맡길 수 있었으면 하고 생각했다는 사람도 없다. 자위할 때 가슴을 만지는 것이 정상인지, 상의를 벗고 집 안을 돌아다니면서도, 알지만 동시에 알지 못하는 사람이 내 가슴의 존재를 알아 낸다는 생각을 하면 공포감과 수치심을 느끼는 것이 정상인지 아무도 말하지 않는다. 아무도 말하지 않기에, 나 역시 말하지 않는다.

필라델피아에 관한 마지막 기억: 테스토스테론 주입 4개월 차. 섭씨 33도를 넘어 계속되는 폭염. 나는 땀에 흠뻑 젖은 셔츠를 입은 채로 체육관을 나선다. 셔츠를 벗고 스포츠브라 차림이 되어 붐비는 프랭크포드 에비뉴까지 걸어온 다음 물이 송글송글 맺힌 컵에 담긴 아이스티를 마신다. 매일같이 어깨가 벌어지고 다리털이 조금씩 굵어진다. 그러나 일요일 아침 이곳 피시타운에서 만날 수 있는 이들 중 나는 그리 이상한 축에도 못 낀다. 그것이 젠더 유포리아다.

Breast(동사): 무언가를 향해 또는 통과해 앞으로 나아가는 것.

갓난아기를 사진에 담는 법

How to Photograph Your Newborn

I. 저자의 생후 첫 몇 달(1987)

병원에서 아기를 집으로 데려오면 아기 바구니에 눕혀야 한다. 아
기가 오기 전까지 아기 바구니는 그저 가만히 기다리고 있다. 방
한구석에 놓인 요람은 그 안에 들어갈 사람이 생기기 전까지는 텅
비어 있다는 사실이 두드러져 불안감을 자아낼 지경이다.

그 공허함은 당신이 방 안을 힘겹게 돌아다니며 아기 옷을 개고, 마찬가지로 속싸개도 쌓아올리면서, 어떤 것을 제일 위에 둘지, 어떤 것을 맨 처음으로 할지 끊임없이 바꾸고 또 바꾸는 동안에도 따라다닌다. 아기 옷을 위해 새로 산 세탁물 바구니가, 응당 그래야 하는 대로 잘 열리고 잘 닫히는지 확인하려 끝없이 여닫는다. 서서 그 안을 바라보며 공갈 젖꼭지 포장을 뜯을지, 아기용 체온계 포장을 뜯을지, 어쩌면 아직 아이가 없는데 그러는 건 바보 같은 일인지 고민한다.

아기가 집으로 오면 속싸개로 싸맨다. 간호사가 방법을 알려 주었다. 기저귀 교환대 옆에 준비한 속싸개 무더기는 신경 쓸 것 없다. 병원에서 받아 온 것을 택한다. 속싸개는 아기 카 시트 안에서 온통 구겨져 버렸다. 푸른색과 분홍색 줄무늬. 침대 위에 속싸개를 평평하게 펼친 다음 모서리와 모서리를 모아 접는다. 아기의 머리가 속싸개 위로 살짝 나오게 눕힌 뒤 엘프처럼 끝이 뾰족한, 햇볕을 오래 쬔 것처럼 새빨간, 거짓말을 할 때, 술을 너무 많이 마셨을 때처럼 새빨간, 구겨진 작은 두 귀를 보며 감탄한다. 어떻게 하더라, 간호사의 숙련된 날랜 손놀림을 떠올린다. 병원, 아기 얼굴을 보여 준 건 밤늦은 시간, 갓 태어난 아기는 너무나 새것이고, 당신은 너무 힘들고, 너무 피곤하다. 모든 게 느리고 혼란스럽게 느껴진다. 간호사는 침대 옆 협탁에 이부프로펜 두 알이 담긴 컵을 놓은 다음 아기를 거칠다 싶을 정도로 꽁꽁 싸맨 뒤 당신의 혈압을 재고 휴식을 취해야 한다고 말한다. 당신이 속싸개로 싼 아기를 들어 가슴에 올려놓자 고작 한 시간 전 아기가 있었던 몸속 깊은 곳이 당기는 느낌이 든다. 이제 텅 빈 것은 당신이다. 그리고 다시 집, 공허할 정도로 텅 빈 아기 바구니 옆에서, 망설임과 줄다리기

하면서, 아기의 몸 위에서 속싸개를 여미고, 풀리지 않기를 기도하며, 아기를 아기 바구니 속에 내려놓아 재운다. 이 안에 붙잡고 매달려야 할 무언가가 있을까? 아기는 어디로 가려고 하는 걸까?

아기가 여름에 태어나면 겹겹으로 옷을 입히지 않아도 되니 다행이다. 아기한테는 당신이 입는 것보다 한 겹 더 입히세요, 간호사는 말한다. 아기한테는 당신이 입는 것과 똑같이 입히세요, 소아과의사는 말한다. 조언을 들을 때마다 당신은 피곤하고 쓰라리고 젖이 새고 있어서 제대로 알아들은 게 맞는지 확신할 수가 없다. 상관없다. 속옷만 입고 다닐 정도로 더운 날씨라서 당신은 너무 크고헐렁거려 아기의 기저귀가 훤히 드러나 보이는 3개월용 내복 상의를 택한다. 귀여운 모양새는 아니다. 당신은 이렇게 거대한 유아차안에 꼭꼭 집어넣은 아기를 아무도 보지 못할 거라고 착각하지만

길에서 지나치는 사람마다 고개를 돌려 유아차 안을 들여다본다. 당신은 모두가 보고 싶어 하는 무언가를 만들어 낸 것이다. 아이스크림 트럭의 소음과 물을 뿜어내는 소화전의 포효를 들으며 인도를 걸어가는 당신은 작게 콧노래를 부르는데, 아기는 잠들어 있고, 당신은 잠깐이지만 혼자만의 생각에 잠긴 채, 한동안 부어 있다가 가라앉은 발을 질질 끌고 집으로부터, 흔들의자로부터, 첫 며칠간 수유를 하며 앉아 있던 소파로부터 멀어져 그 어디도 아닌 곳을 향하고 있어서다. 이웃집 창문 안에서 아기가 운다. 티셔츠 안 가슴에서는 달고 뜨거운 젖이 새어 나온다. 당신의 어머니는 젖이 마를 때 아프고 따갑다고 미리 주의를 주었지만, 처음에는 젖이 너무 많이 나와서 자꾸만 새어 나오고, 등을 대고 누워 있을 때면 사방으로 가슴을 타고 흐르고, 누운 채 수유를 할 때면 당신과 아기 사이로 줄줄 흘러내린다. 너무 많다. 어떻게 몸이 지치지도 않고 자꾸만 더 많은 식량을 만들어 내는 걸까? 당신은 앞을 향해 다리를 내딛는다. 아기를 낳은 직후의 걸음걸이는 마치 해변을 걷는 것 같다. 뜨겁고 힘들고 무척이나 만족스럽다. 당신은 걸음을 늦춘 뒤 가로등에 기대 숨을 고른 다음 사진을 한 장 찍는다. 아기는 항상 잠들어 있거나 당신 몸에 딱 붙어 있거나 둘 중 하나라서 좋은 사진을 건지기는 쉽지 않다.

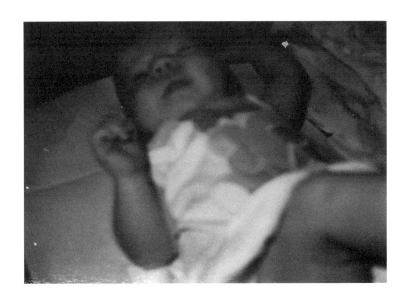

깨어 있을 때 아기는 물에 빠진 것처럼 몸부림을 친다.

이제 우리는 태아가 임신 2기, 약 19주부터는 소리를 들을 수 있다는 사실을 안다. 처음에 태아는 주로 당신의 심장 소리를 듣는다. 쉴 때는 느리고 차분하고, 커진 배로 조깅을 하거나 움직이려고 애를 쓸 때는 빠른 소리다. 몸속은 시끄럽다. 그러나 1987년에는 몸속이 얼마나 시끄러운지 정확히 아는 사람이 없었다. 당신은 이 아기를 본 적이 없다. 당신이 아는 건 그저 아직 준비 안 된, 결혼하겠다는 확신이 안 서는 남자 친구와의 사이에서 생긴 아기라는 것뿐이다. 그러다 당신은 결혼했다. 당신이 임신을 한 것은 과학자들이 태아가 28주 때 소리에 지속적인 반응—강제적인 눈 깜빡임—을

보인다는 사실을 알아낸 지 고작 4년 뒤다. 하지만 당신은 아기가 소리를 듣는다는 것을 안다. 그냥 안다. 주위에 아무도 없을 때면 당신은 얼마나 크게 말해야 아기가 소리를 들을 수 있는지 확신하지 못하는 채로 아기에게 말을 건다. 아기에게 네가 당신 부모님의 첫 손주가 될 거라고 말해 준다. 너는 메츠를 응원하게 될 거라고, 메츠가 얼마 전 월드 시리즈에서 우승했다고. 진공청소기는 바라는 것만큼 제대로 작동해 주지 않고 지하층 아파트는 불쾌한 꿉꿉한 냄새를 퍼뜨린다고 설명해 준다. 우리는 플랫부시에 살아, 당신은 말한다. 하지만 가급적 어서 떠났으면 좋겠다. 이 동네에서 아기를 키우고 싶지는 않거든. 당신은 아기가 당신의 목소리를 안다고 믿고 싶다, 아직 태어나지조차 않았는데도.

당신은 누군가에게 아기를 비스듬한 쿠션 위에 뉘여 손으로 붙잡아 달라고 부탁한다. 주근깨가 있는 부은 갈색 손은 누구의 손일까. 단단하고 퉁퉁한, 다듬지 않은 손톱을 가진 손. 아기의 몸통만 한 손. 당신은 카메라를 잡는다. 아기는 당신 목소리를 안다. 아기 이름을 부른다.

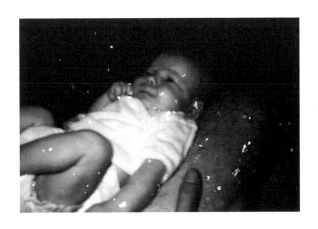

아기를 무릎에 올려놓는다. 그들은 이 자세를 좋아한다. 다른 사람의 무릎 말이다. 세 식구가 함께 텔레비전을 본다. 게임이다. 〈매틀록〉. 옆에 앉은 아기의 자그마한 손을 잡는다. 아기가 앉은 게 당신 무릎이 아니라는 질투심을 다스린다. 결국 오로지 당신 혼자 독점할 수는 없는 거다. 옆자리가 참 멀게만 느껴진다. 일 년의 대부분 당신은 아기와 한 몸을 나누어 썼다. 그동안 식료품점에서 긴 줄을 서지도, 한 시간 동안 앉아 기다리지도, 발톱을 깎지도, 한밤중 혼자 잠에서 깨지도 않았다. 광고가 나오는 동안 아기에게 우스운 표정을 지어 보인다. 개는 뭐라고 울지? 코끼리는 뭐라고 울지? 그렇게, 한 번 더 반복한다.

당신의 어머니는 십 대 때 이 나라에 혼자 왔다. 어쩌면, 수녀가 될지도 모르겠다고 그녀는 생각했다. 몇 년 뒤 그녀는 추기경의 형제와 결혼해 당신의 오빠 조지프를 낳았다. 그다음에는 유산이, 사산이 이어졌다. 8년 뒤 당신과 쌍둥이 형제가 태어났을 무렵에는 다들 생각했다. 살아남은 아기는 기적이라고. 당신은 기적이었다. 당신과 데이비드가 몸속에서 춤을 춘 것도, 세상으로 나올 때까지 버틴 것도. 사진은 많지 않다. 세례식 의상을 입고, 그렇게 멀리서도 누가 누구인지 알아보는 부모의 품에 하나씩 안긴 당신과 데이비드의 사진. 배경은 플랫부시. 당신 어머니는 키가 작고 이토록 경이로운 일 앞에서 미소를 짓고 있다. 살아남은 두 아기. 얼마나 힘들건, 아기들이 얼마나 많이 울건, 상관없었다. 둘 다 살아남았으니까. 당신 어머니는 브루클린으로 오기 전의 삶에 대해서는 입 밖에 내는 일이 거의 없었다. 어린 시절 살던 곳을 아름답게 이야기하려고 애썼지만, 홀몸으로 그 나라를 떠났다며, 아일랜드라는 단어를 애통하게 발음했다. 부드러운 억양과 촉촉한 눈. 또 다른 사진, 쌍둥이가 아기 바구니에 나란히 누워 있는 사진이 있다. 당신은 울부짖고 있다. 아기들은 때로 울부짖는다. 눈을 감고, 입을 벌리고, 허리를 뒤로 꺾은 채. 데이비드는 느슨하게 입매를 떨어뜨린 채로 옆에서 자고 있다. 당신은 그 시절에도 당신 그 자체였다.

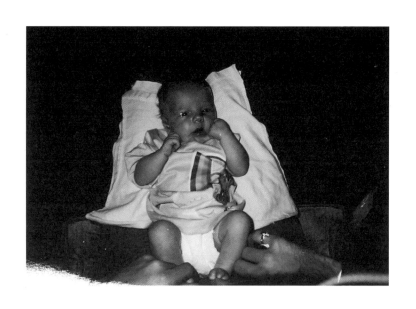

때론 아무리 애를 써도 아기가 카메라 앞에서 웃어 주지 않는다. 새 기저귀, 갓 짠 젖, 그토록 좋아하는 다른 사람의 무릎, 작은 발가락을 만지작거리는 커다란 손. 보자, 여기 보자. 코끼리는 뭐라고 울지? 아기 이름을 불러 주어도 돌아오는 건 이 공허한 눈길밖에 없다. 사진을 보내 주렴! 전화기 너머에서 당신 어머니가 말한다. 여기 상황이 어떤지 궁금해한다. 아기는 잘 먹니? 잠은 잘 자니? 모든

게 좋아요, 모든 게 괜찮아요, 카메라를 보고 웃어 주렴, 아가, 여기, 바로 여길 좀 보렴.

II. 갓 태어난 저자의 아기(2013)

갓 태어난 샘슨이 두 눈을 다 뜨고 있는 사진은 한 장도 없다. 샘슨을 낳고 열두 시간 뒤, 우리는 애를 데리고 집으로 왔다. 병원, 침대에서 베이글을 먹는 사이에 간호사가 아기를 확인했다. 작고 납작한 빨간 귀, 납죽 누워 있을 때면 아무렇게나 뻗는 깡마른 다리. 구겨진 흰 시트 위에 흩뿌려진 양귀비 씨와 참깨. 졸린가 봐, 애나가 말했다. 병실 안에서는 청소 세제와 지난밤 포장해 온 인도 음식 냄새가 풍겼다. 난 저녁 식사 시간에 아이를 낳아서 좋았다. 파르르 떨리는 다리로 샤워를 하고 다시 침대로 돌아와 따뜻한 음식이 담긴 봉투를 받아 들어서 좋았다. 애나는 내가 갈릭 난을 거의 다 먹게 해 주었다. 그녀가 아기를 안고 있는 동안 나는 난으로 우리 두 사람 몫의 커리를 싹싹 닦아 먹었다. 바삭한 마늘 조각이, 난을 찢을 때 내 얼굴에 퍼지던 뜨뜻한 김이, 이 사이에 끼던 고수 잎이 기억난다. 내 몫의 밥 안에 들어 있던 카다멈을 깍지째로 베어 먹었다. 입 안에서 향이 퍼졌다. 우웩, 그러면서 나는 카다멈을 냅킨에 뱉어 냈다. 쓰라렸다, 말할 때도 웃을 때도 움직일 때도 너무 쓰라렸다. 아기, 이 검은 머리 작은 아기가 내 몸에서 빠져나온 자리가 욱신거렸다. 아기는 우리 아버지를 납작 짓누르고 얼굴을 새빨갛게 만든 것과 똑같이 생겼다. 나는 사그 파니르가 담긴 용기 위로 머리를 숙이고 플라스틱 포크로 음식을 입안에 퍼 넣었다. 음식이 이렇게 맛있는 건 처음이었다. 맥주 한 잔만 딱 하면 좋겠는데, 침대 옆 작은 종이컵 안에서 이부프로펜을 꺼내며 나는 농담을 했다. 애나가 손을 낳았을 때 나는 반쯤 마신 게토레이 병과 물병 옆에 제물처럼 놓인 작은 오렌지색 알약 두 개, 몇 시간이나 지속된 격렬한 고통을 달래는 이부프로펜이 우습다고 생각했었다. 저녁을 먹고 난 뒤 간호사가 우리에게 아기 보는 법을 알려 주었다.

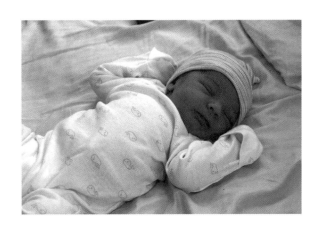

아기의 똥은 어떤 색깔이어야 하는지. 젖꼭지 통증은 어느 정도까지가 괜찮은 건지. 첫 며칠 동안은 수유하는 동안에 경련통이 느껴질 거라는 이야기. 이게 필요할까요? 간호사는 침대 옆에 놓인 작은 아기 바구니를 가리키며 물었다. 아니오, 내가 대답했다. 아기는 제 옆에서 재울 거예요. 다음 날 아침 우리는 아기를 침대 위에 눕혀 두고 베이글을 먹었고 애나는 짐을 쌌다. 나는 침대에 누워 애나가 병실 안을 돌아다니는 모습을 보며 침대 위에서 살짝 몸을 움직였다. 이제 집에 가야 한다고, 그녀가 꾸짖었다. 나는 다시 일어나 앉았다. 카메라 좀 줄래? 내가 물었다. 오늘 이후로는 귀여운 잠자는 아기의 모습을 찍을 기회가 없을 거라는 생각이 들어서 말야.

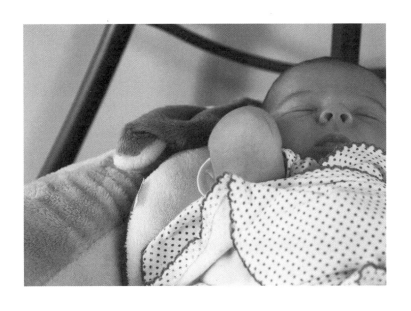

하지만 아기는 한없이 잠만 잤다. 그 애의 잠든 얼굴은 하루가 다르게 내 얼굴을 닮아 갔다. 어둠 속에서는 내 옆에 누운 그 애가 보이지 않았지만 그 애가 점점 내가 가질 수도 있었을 얼굴로 커 가고 있다는 걸 알았다. 나는 아기 때의 내가 소파 위 아버지의 무릎에 누워 있는 사진, 브루클린의 여름 햇살 속 유아차 안에 누워 있는 사진을 보면서 당신이 당신의 딸 얼굴이 아니라 잘못된 얼굴을

사진으로 찍고 있다는 사실을 알았을지 생각해 본다. 당신은 이 사진 속에서 내가 보일까? 크고 나니 동생들이랑 많이 닮았네, 당신은 말하지만 내 여동생들 이야기가 아니다. 당신은 나와 마이클, 숀과 라이언 이야기를 하는 거다. 당신의 네 아들. 이 아기는 당신 딸이 아니에요. 나는 당신, 카메라 뒤의 여자에게 들리게 말하고 싶다. 그 이름을 부르지 마세요,라고 말하고 싶다. 당신 아기의 진짜 이름을 불러요. 당신의 귀에 속삭이고 싶다. 크리스 맬컴. 결국엔 더 좋은 사진이 찍힐 거예요. 당신이 아기의 진짜 이름을 불러 줄 때.

우리는 아기 바구니 속 샘슨의 사진이 아주 많지만 나는 그 애를
그렇게 눕혀 놓은 기억이 전혀 없다. 내가 기억하는 건 그 애가 내
옆에 누워 내 가슴에 매달린 조그만 쉼표처럼 웅크리고 자고 있었
던 것뿐이다. 이런 사진을 내가 찍었을 리 없지 않나?

임신한 나를 보고 당신이 얼마나 행복해할지 오래전부터 알고 있었다. 내가 애나를 만났을 때 당신은 그래서 슬프다고, 앞으로 내 삶은 고단할 거라고 했다. 당신이 아직 나를 당신 딸이라고 생각했던 무렵이다. 내가 아는 다른 임신한 트랜스 부모들은 종종 가족이 자꾸 자신들을 엄마라고 부르고, 어머니날을 축하해 주고, 심지어 여태까지 몇 년이나 쓰지 않았던 옛 이름으로 부르기까지 하는 사태에 어떻게 대처할지 물어 온다. 임신을 하면 사람들이 우리를 다르게 봐요, 그들은 말한다. 당신이 딸, 처음에는 딸이었던 아기를 낳았을 때, 당신은 분명 이 사실을 예견했을 것이다. 필라델피아의 우리 동네에서 산책하던 도중 남의 집 현관 앞에 앉아 숨을 고르는 나를. 신생아 사이즈의 자그마한 우주복을 서랍 안에 개어 넣는 모습을. 당신의 손주를 품어 팽팽해진 거대하고 둥근 나를. 내가 되어야 했던 딸이 실제로 될 수 있었던 수많은 가능성이 존재했다. 나 역시 그렇게 생각했다. 초음파 사진을 봉투에 넣고 봉해 당신에게 보냈을 때 나는 잠시 동안 행복했다. 어쩌면 이 몸을 가진 채로 행복하기 위해서 트랜지션이 필요하지 않을지도 모른다고. 그러나 샘슨을 낳고 나니 그 애의 존재는 내게 더 큰 확신을 주었을 뿐이다. 나를, 내 남동생들을 꼭 닮은 그 애의 얼굴. 그 애는 내가 원했던 삶을 눈앞에 두고 누워 있었다. 임신을 했지만 전혀 여성 같은 기분은 느낄 수 없었다. 이 몸은 남성도 아니고 여성도 아닌, 단지 생명을 창조하고 빚어낼 수 있는 신체 부위가 달린 그대로였다. 그 생명을 내보내고 돌볼 수 있는 몸. 샘슨을 만들고, 내가 무언가 강인한 일을 해냈다는 생각에 그토록 강인한 이름을 붙여 주자 나는 나 자신이 될 준비가 되었다는 생각이 들었다. 세상에서 제일 멋진 이름이야, 우리에겐 아들이 둘 더 있는데도 애나는 그렇게 말한다. 네 최고의 선물이야.

나는 애나에게 하고 싶은 만큼 오래 샤워를 해도 좋다고 한다. 내가 내 몸을 보살필 수 있다고 한다. 나는 임신한 뒤 처음으로 청바지를 입고, 솜이 빵빵하게 들어간 바다코끼리 모양의 커다란 쿠션을 바닥에 놓고, 느릿느릿 몸을 낮추어 앉는다. 1층으로 내려온 애나는 카메라를 손에 들었다.

처음 몇 주간은 거의 기억나지 않기 때문에 사진을 많이 찍어 놓길 잘했다. 애나가 출산 선물로 나에게 새 아이패드를 사 준 것, 침대에서 반쯤 잠든 아기에게 젖을 먹이면서 몇 시간이나 줄곧 텔레비전을 보았던 것은 기억난다. 무엇을 봤는지는 기억나지 않는다. 아마도 범죄 채널이었겠지. 강간, 칼부림, 살인. 내 취향이다. 모든 에피소드는 음산하게 시작해서 깔끔한 해결로 끝이 났고, 가상의 살인자와 형사가 등장하는 리듬은 마음을 차분하게 해 주었다. 애나는 아이를 낳은 뒤 〈웨스트 윙〉을 보았다. 새로운 에피소드가 시작할 때마다 오프닝 음악을 들은 손이 길쭉한 머리를 그쪽으로 돌렸다. 백악관 직원들이 몇 시간씩 말을 하고, 복도를 걸었다. 도대체 그 인물들은 어떻게 매번 그렇게 말을 빨리할 수 있지? 내가 아기를 낳았을 땐 소파에 앉아 있을 겨를이 없었다. 손이 내 관심을 끌려고 고함을 지르고 장난감을 던지고 내 점심을 빼앗아 먹을 테니까. 난 빨리 움직일 수가 없었다. 열상이 생겼으니까. 그래서 나는 하루 온종일 아이패드와 잠든 샘슨을 끼고 2층의 침대에서 시간을 보냈다. 너무 쓰라린 나머지 간호사인 애나가 의료용 장갑에 물을 넣어 얼린 다음 거즈로 싸서 속옷 안에 붙이라고 주었다. 나중에 어떤 여자가 그걸 '팻시클padsicle'이라고 부르는 걸 들은 적 있다. 샘슨은 딱 6분간 힘을 주자 태어났다. 손이 태어날 때는 끝이 없을 것 같이 오랜 시간 동안 내가 애나를 지탱해 주어야 했지만, 샘슨을 낳을 때 나는 욕조에서 일어서서 밖으로 나가게 도와 달라 외쳤고 조산사는 황급히 장갑과 마스크를 꼈다. 잘하고 있어, 처음 힘을 주었을 때 애나가 말했다. 아, 젠장, 벌써 너무 아파, 내가 그렇게 말했고, 다음 순간 샘슨이 나왔다. 저녁 식사 시간 직전 욕실에서 태어난 거다. 꿰맨 데가 간지러워, 며칠 뒤 침대에서 내가 애나에게 말했다. 원래 그런 거야. 그녀가 대답했다. 제대로 아물지 않으면 어쩌지? 내가 물었다. 그러니까, 난 괜찮은데, 네가, 말하자면, 다시는 내 몸을 보고 싶어 하지 않으면 어쩌지? 그녀는 웃었다. 농담해? 난 간호사라고. 지금까지 역겨운 걸 얼마나 많이 봤겠어? 나는 말한다, 나한테 역겹다고 말하지 마. 그녀가 대답한다. 안 그랬어. 절대 안 그랬어.

기억나는 것들도 있다. 샘슨이 우리의 다른 아이들, 애나가 낳은 아이들과 얼마나 비슷하고 또 달랐는지가 기억난다. 샘슨은 잠을 더 많이 잤다. 사진마다 그 애는 자는 모습이다. 그 시절 사진을 볼 때면 내가 너무 어려 보여서, 내 가슴이 너무 크고 풍만해서 놀랍기만 하다. 이렇게 많은 젖이 필요한 아기가 어디 있을까, 나는 생각했다. 내 젖꼭지는 빨갛게 부어올랐고 예전보다 훨씬 어두운 색이 됐다. 가슴엔 온통 보라색 튼살 자국이 남았다. 샘슨이 울면 젖이 새어 나왔다. 러그 위에서 함께 놀다가 손이 나를 보며 울거나 고함을 질러도 젖이 새어 나왔다. 그 애는 내 몸속에 살았던 적이 없고 내 젖을 먹었던 적이 없는데도. 열상 때문에 나는 커다란 바다코끼리 모양 쿠션을 깔고 앉았다. 임신과 수유를 하고 몇 년간 테스토스테론을 투약하고 바인딩을 한 지금 내 가슴은 한때 그 자리에 존재했던 것의 유령 같은, 늘어진 텅 빈 주머니가 됐다. 애나의 말대로 꿰맨 곳은 완벽하게 아물었다. 완벽하게 정상이야, 그녀가 말했다. 정상: 고함을 질러 대는 13개월짜리 아이를 피하려고,

늘어진 배와 거대한 가슴을 가진 채로 집 밖으로 나가는 일을 피하려고 침대에 숨어 있는 출산 직후의 트랜스젠더. 이런 상황에서는 아무도 나를 남성이라고 부를 리 없었다. 식료품점 계산대에 있던 나이 든 여자는 내가 신분증과 와인 한 병을 동시에 내밀자 웃는다. 신분증 달라고 할 걸 예상했군요, 그녀가 말한다. 여기 출생 연도는 어디 나와 있지요? 그녀는 내 면허증을 살피며 묻는다. 1987년 6월 27일이요, 내가 대답한다. 제가 워낙 동안이라서. 그러자 그녀가 말한다. 세상에, 말도 안 돼. 서른이라고요? 밤에 셔츠를 벗고 바인더를 풀면 이제는 거의 남아 있지 않지만 여전히 자리하고 있는 나이 든 가슴이 보인다. 이 사진 속 아기에 대해서는 아무것도 기억나지 않는다. 오직 나, 완전히 잘못된 출산 후의 몸으로 하루를 더 살아가려 애를 쓰던 그 시절의 나만 기억할 뿐이다.

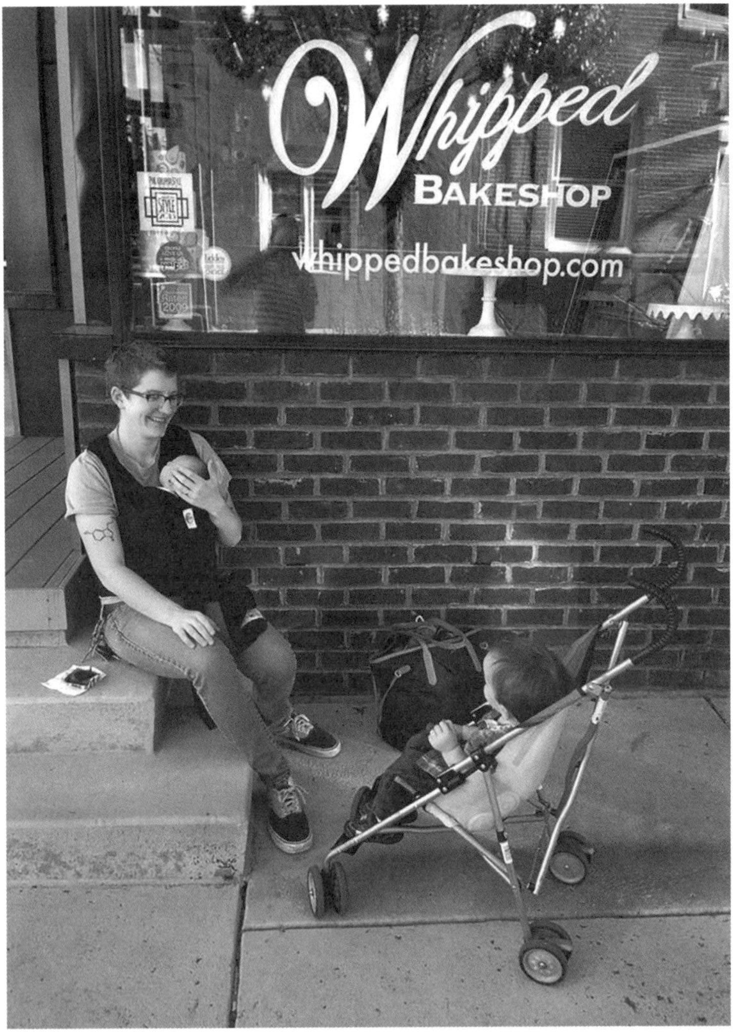
Whipped
BAKESHOP
whippedbakeshop.com

잠시만, 여기 우리가 그 사진을 찍은 장소잖아. 애나가 말했다. 어떤 사진? 내가 묻는다. 왜, 그 사진 말이야. 다른 날에 브라우니 사러 갔다가 찍은, 여기 계단에 앉아서 찍은 사진. 그녀가 답한다. 그녀는 나와 샘슨 옆에 숀이 탄 유아차를 세워 놓았다. 안 돼, 숀, 지금 당장 브라우니를 사진 않을 거야. 그녀는 핸드폰을 들고 벨그레이드 스트리트 한가운데로 뒷걸음질하며 말했다. 흥분하지 마, 숀. 브라우니 줄 거야. 그 전에 지금의 크리스 사진을 한 장 더 남겨 놔야지.

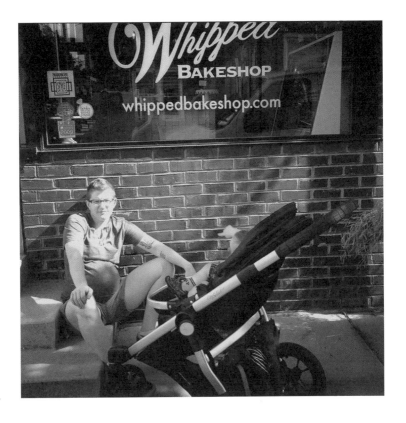

민사재판소에서

In the Court of Common Pleas

PETITIONERS, KRYSTYN MARIE BELC (McILRIATH) and ANNA BELC, hereby verify that they are the Petitioners herein and as such verify that the information contained in the within Petition is true and correct to the best of their knowledge, information and belief. This verification is made subject to the penalties of 18 Pa.C.S. § 4904 relating to unsworn falsification to authorities.

Date: 5/9/16 [2]

_____
Krystyn Marie Belc (McIlraith)
Petitioner

Date: 5/9/16

_____
Anna Belc
Petitioner

진술 확인서

[1] **진술 확인서**

청구인 크리스틴 마리 벨크(매킬레이스)와 애나 벨크는 이 청원의 청구인으로서 청원에 포함된 모든 사실이 청구인들의 지식, 정보, 믿음에 비추어 진실하고 정확함을 확인합니다. 이 확인서는 펜실베이니아 통합법령 18조 4904항에 해당하는 관계 당국에 대한 비선서 거짓 진술에 대한 처벌에 관한 조항을 조건으로 합니다.

이 글에 실린 문서들은 2013년 8월 30일 펜실베이니아주 브린마의 분만센터에서 태어난 뒤 필라델피아 가정법원에서 2016년 7월 20일 입양된 내 둘째 아들인 샘슨 라이언 벨크의 두 번째 부모 입양에 관련된 것이다. 이 소송 전까지 샘슨에게는 법적 부모가 한 명이었다.

a. 이 때문에 때로 애나는 자기가 샘슨의 기저귀를 갈아 주거나 머리에 묻은 요구르트를 닦아 줄 법적 책임이 없다고 주장했다.

b. 나는 아직도 어째서 샘슨을 입양하는 과정에서 내가 그 애를 직접 낳았으며 태어나는 순간부터 그를 양육해 왔음에도 나 역시도 지문이나 신원 정보와 증언 같은 개인 정보를 제출해야 했던 건지 잘 모르겠다.

c. 나는 2017년 4월 6일 크리스 맬컴 벨크로 개명했다.

[2] 2016년 5월 9일

우리의 첫아들 숀 사일러스 벨크가 2012년 7월에 태어났고 5개월 반이 지난 뒤인 2012년 12월 입양되었다. 샘슨은 2016년 입양될 때 2년 10개월이었다.

a. 이는 전적으로 우리의 잘못으로, 샘슨의 입양 절차를 완료할 돈과 법적 지원이 있었음에도 서류는 미완성인 채로 2년간 이메일 받은편지함에 방치되어 있었다.

b. 처음 우리가 입양을 서두르게 되었던 동기는 만약 내 아

내가 죽으면 아내의 부모가 나를 손의 부모로 인정해 줄지가 불안해서였다.

c. 우리가 결혼했을 때 애나의 아버지는 결혼식에 자신도 정장을 입고 참석해야 하는지, 뿐만 아니라 다른 손님들이 진짜로 올 거라고 생각하는지 물었다.

d. 결혼하고 10년쯤 지난 뒤 사람들은 나한테 왜 그렇게 어릴 때 결혼했느냐 묻곤 하고, 이들은 대개가 스트레이트이며 시스로, 결혼이 보호 조치가 될 수 있음을 도저히 이해하지 못한다.

e. 미국에서 둘 다 아이의 유전적 부모가 아닌 퀴어 부부는 아이가 태어난 뒤 친권을 보장받기 위해 사법 절차에 발을 들이게 된다.

f. 샘슨이 태어난 2015년은 동성결혼 합법화 이전이었고 애나와 나는 그 애가 출생한 주인 펜실베이니아에서 결혼한 상태가 아니었으므로 그 애의 출생증명서에 함께 이름을 올릴 수 없었다. 아버지 항목 옆에는 기록된 정보 없음이라고 쓰여 있다.

g. 샘슨은 2015년 11월 22일 태어난 우리의 셋째 아들 설리번 아이제이아 '지지' 벨크와 동시에 입양되었다. 지지는 내 유전적 자녀가 아니기에 또다시 [2]a로 돌아간다.

IN THE COURT OF COMMON PLEAS OF PHILADELPHIA COUNTY
FAMILY COURT DIVISION
ADOPTION BRANCH

IN RE: : _____ TERM, 2016
 :
ADOPTION OF: SANSOM RYAN BELC [3]   NO.

PETITION TO CONFIRM CONSENT

TO THE HONORABLE JUDGES OF THE SAID COURT:

    1.   The adoptee, Sansom Ryan Belc, was born on August 30, 2013, at The Birth Center in Bryn Mawr, Pennsylvania. The Adoptee has resided with the Petitioners: Natural Mother – since birth; adoptive mother-since birth. [4]

    2.   The natural mother of the adoptee is Krystyn Marie Belc (McIlraith).

    3.   The natural mother was born on June 27, 1987, in New York, New York.

    4.   The natural mother resides at   , Philadelphia, Pennsylvania

    5.   The natural mother is of the Caucasian race and Catholic. [5]

    6.   The natural mother was married at the time of the birth of the adoptee, Sansom Ryan Belc. [6]

    7.   The natural mother, Krystyn Marie Belc (McIlraith) is a Petitioner and has not executed a consent.

    8.   The natural father is

필라델피아 카운티 민사재판소 가정법원 입양 부서

[3] 샌섬 라이언 벨크 입양의 건

샌섬Sansom 스트리트는 필라델피아에 있는 작은 간선 도로 이름이다. 동쪽 끝 프런트 스트리트에서 시작해 도시 대부분을 관통해 델라웨어 카운티로 이어지는 길이다. 내 아들의 이름은 샘슨이지 샌섬이 아닌데, 입양 절차 내내 우리 쪽 변호사도, 복수의 법원 직원들도 그 애의 이름을 샌섬이라고 표기할 때가 여러 번 있었다.

[4] 1. 입양 대상자 샌섬 라이언 벨크는 2013년 8월 30일 펜실베이니아주 브린마에 위치한 분만센터에서 출생했다. 입양 대상자는 청구인들과 함께 거주해 왔다. 생모─출생 시점부터. 입양모─출생 시점부터.

입양 직전 샘슨은 같은 유치원에 다니는 어떤 친구에게 엄마가 두 명 있다는 사실을 알고 울면서 집에 왔다. 그 친구의 두 엄마가 딸의 생일을 맞아 유치원에 와서 아이들에게 책을 읽어 주었던 것이다. 내 아이들은 자기 엄마를 좋아하기에, 다른 아이들에게 엄마가 둘 있을 수도 있다는 사실을 질투했다.

a. 손과 샘슨은 둘 다 여름에 태어났기 때문에 애나와 나는 번갈아 유치원을 찾았다. 아이들은 우리를 각각 우리 엄마 그리고 우리 크리스로 소개했다.

b. 나는 아이들에게 샘슨이 제일 좋아하는 책인 『마들린느는 씩씩해 _Madeline_』를 읽어 주었다.

[5] 5. 생모는 코카서스 인종이며 종교는 가톨릭이다.

변호사와의 첫 면담에서 내가 가톨릭 모태 신앙이었다고 말했고, 최종 진정서에서 이 같은 내용이 들어가는 데 반대하지는 않았다.

a. 성찬식에 마지막으로 참석한 것은 2007년 가족 행사에서였다. 애나를 만난 지 몇 달 뒤였다.

b. 애나와 나는 때로 어떻게 이렇게 다른 두 사람이 함께할 수 있나 하고 혀를 내두르기도 한다. 그런데, 성당에 가느냐 마느냐를 두고 각자의 어머니로부터 수십 년간 눈총을 받은 두 사람이 그렇게 다르려나?

c. 우리 둘 다 어머니의 강권으로 견진성사를 받았다. 당시 우리는 둘 다 열다섯 살이었고, 애나는 8학년, 나는 10학년이었다. 우리가 다니는 성당 사이의 거리는 31마일이었다. 우리가 태어난 곳 사이의 거리는 4천 마일도 넘었다. 애나의 대학 기숙사 방은 내 방에서 대략 7천 야드 떨어져 있었다.

[6] 6. 생모는 입양 대상자 샌섬 라이언 벨크의 출생 당시 기혼이었다.

나중에 나올 혼인 증명서를 참조할 것.

9. The natural father was born on [   ] n Bryn Mawr, Pennsylvania.

10. The natural father's mailing is [   ]

11. The natural father is of the Caucasian race and he is Atheist.

12. The natural father was single at the time of the birth of the adoptee. [7]

13. The natural father did execute a Consent to Adoption in accordance with Section 2711 of the Adoption Act on September 4, 2012. An original Consent is attached to this Petition and marked as Exhibit "A".

14. If natural father's identity has not been revealed, an affidavit executed by the natural mother regarding why his identity has not been revealed". Not required as natural mother has identified natural father.

15. A "no claim of paternity" statement is attached and marked hereto as Exhibit "B".

16. Statement of Parent form executed by father is attached hereto and marked as Exhibit "C".

17. A period in excess of thirty (30) days subsequent to the execution of the Consent has expired and the parent has failed to proceed with a Petition to Voluntary Relinquishment.

18. The Report of Intention to Adopt was filed on N/A. This is a kinship adoption. [8]

19. The Report of Intermediary was not filed as this is a kinship adoption.

20. Consent to Accept Custody executed by adopting parents is attached hereto and marked as Exhibit "D".

WHEREFORE, your Petitioners request this Honorable Court to hold a hearing to confirm the intention of the natural parent, [   ] to voluntarily relinquish his parental rights and duties to Sansom Ryan Belc, as evidenced by the Consent to the adoption and to grant a Decree of Termination of parental rights and duties.

[7] 12. 생부는 입양 대상자의 출생 당시 미혼이었다.

글쎄, 딱 꼬집어 그렇다고는 볼 수 없다. 그는 결혼을 하지 않 았을지는 모르지만 파트너가 있고 파트너의 아기를 키우고 있 었다. 심지어 내가 2012년 뉴욕주에서 애나와 법적으로 결혼 했을 때 한 것처럼 법적으로 파트너의 성을 따서 개명했다. 나는 이미 애나의 성을 2년째 쓰고 있었지만 우리가 결혼한 2010년 뉴저지에서는 뉴저지 주민이 아닌 사람은 시민결합 자격을 취득하는 과정에서 개명할 수 없었다.

[8] 18. 입양 의사에 관한 보고서는 의견 없음으로 제출되었다. 이 건은 친족 입양에 해당한다.

내가 아는 사람들 대부분은 이런 유형의 입양을 두 번째 부모 입양second parent adoption 즉 SPA라고 부른다. 교사로 일하며 위 탁 보호 아동에 관한 연구를 진행할 때, 우리는 부모가 아이를 양육할 능력이나 의지가 없어서 조부모, 이모나 고모, 삼촌 또 는 형제자매가 아이를 법적으로 입양하는 경우를 가리켜 친족 입양이라고 표현했다.

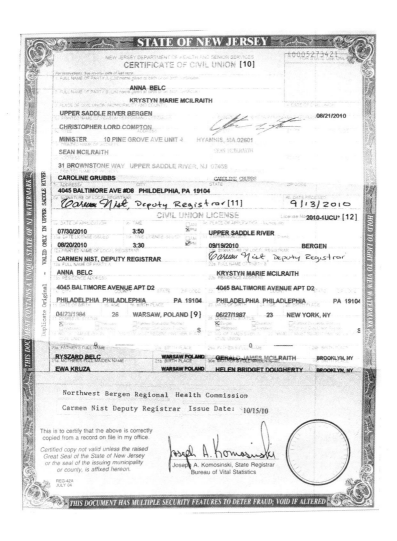

STATE OF NEW JERSEY

NEW JERSEY DEPARTMENT OF HEALTH AND SENIOR SERVICES

CERTIFICATE OF CIVIL UNION [10]

0005273421

FULL NAME OF PARTY A: ANNA BELC

FULL NAME OF PARTY B: KRYSTYN MARIE MCILRAITH

PLACE OF CIVIL UNION (MUNICIPALITY): UPPER SADDLE RIVER BERGEN

08/21/2010

CHRISTOPHER LORD COMPTON

MINISTER   10 PINE GROVE AVE UNIT 4   HYANNIS, MA 02601

SEAN MCILRAITH

31 BROWNSTONE WAY UPPER SADDLE RIVER, NJ 07458

CAROLINE GRUBBS

4045 BALTIMORE AVE #D8 PHILDELPHIA, PA 19104

Carmen Nist, Deputy Registrar [11]   9/13/2010

CIVIL UNION LICENSE   License No 2010-1UCU* [12]

STATE OF APPLICATION: 07/30/2010   TIME 3:50 PM   PLACE OF APPLICATION: UPPER SADDLE RIVER

DATE LICENSE ISSUED: 08/20/2010   TIME LICENSE ISSUED 3:30 PM   09/19/2010   BERGEN

CARMEN NIST, DEPUTY REGISTRAR   *Carmen Nist, Deputy Registrar*

FULL NAME OF PARTY A: ANNA BELC   FULL NAME OF PARTY B: KRYSTYN MARIE MCILRAITH

4045 BALTIMORE AVENUE APT D2   4045 BALTIMORE AVENUE APT D2

PHILADELPHIA PHILADELPHIA   PA 19104   PHILADELPHIA PHILADELPHIA   PA 19104

04/23/1984   26   WARSAW, POLAND [9]   06/27/1987   23   NEW YORK, NY

S   S

FATHER'S FULL NAME: RYSZARD BELC   WARSAW POLAND   GERALD JAMES MCILRAITH   BROOKLYN, NY

MOTHER'S FULL MAIDEN NAME: EWA KRUZA   WARSAW POLAND   HELEN BRIDGET DOUGHERTY   BROOKLYN, NY

Northwest Bergen Regional Health Commission

Carmen Nist Deputy Registrar Issue Date: 10/15/10

This is to certify that the above is correctly copied from a record on file in my office.

Certified copy not valid unless the raised Great Seal of the State of New Jersey or the seal of the issuing municipality or county, is affixed hereon.

Joseph A. Komosinski
Joseph A. Komosinski, State Registrar
Bureau of Vital Statistics

REG-42A
JULY 04

THIS DOCUMENT HAS MULTIPLE SECURITY FEATURES TO DETER FRAUD; VOID IF ALTERED

THIS DOCUMENT CONTAINS A UNIQUE STATE OF NJ WATERMARK — VALID ONLY IN UPPER SADDLE RIVER — HOLD TO LIGHT TO VIEW WATERMARK — Duplicate Original

시민결합 증명서

[9] 바르샤바, 폴란드

잠깐만, 너 바르샤바에서 태어났다고? 내가 묻는다. 난 네가 크리니차에 있는 산에서 태어난 줄 알았는데. 그것이 시민결합 증명서를 찾았을 때 내 눈에 맨 처음 들어온 사실이다. 나는 우리가 가진 서류를 온통 뒤져 보아야 하는 그런 글을 쓰고 있다. 내 옛 이름, 트랜지션 이전의 이름, 옛 필라델피아 주소가 적힌 서류들. 우리가 처음 같이 살았던 원룸, 복층 투룸(난 여기가 좋아, 너한테 화가 나면 그냥 쾅쾅 발소리를 울리면서 계단을 올라가 버리면 되니까, 그녀는 말했다), 내가 임신 7개월일 때 우리가 구입한 조그만 연립주택. 아냐, 뭐라고? 그녀가 말한다. 내가 서류에 그렇게 썼어?

[10] 뉴저지주 보건사회복지부
시민결합 증명서

우리 아이를 입양하기 위해 애나와 나는 혼인 증거를 제시해야 했다.

a.   우리는 두 번 결혼했다. 2010년 8월 21일에 한 번, 2012년 7월 2일에 또 한 번.

b.   우리의 두 번째 결혼은 뉴욕시 행정사무소에서였다. 우린

우리가 살고 있는 주가 동성결혼을 합법화하면 결혼할 거라고 늘 말해 왔고, 뉴욕은 2011년 7월 동성결혼을 합법화했다.

i. 그러나 우리는 샘슨을 입양하기까지 3년을 미적거렸던 그런 사람들이었으므로 결혼을 하는 데도 1년이 넘게 걸렸다.

ii. 애나가 임신 3기에 접어들자 우리는 최대한 많은 법적 보호가 필요하다는 사실을 깨달았다. 우리가 결혼했을 때 애나는 임신 36주 차였다.

[11] 호적 담당 관보

뉴저지에서 동성결혼이 합법화된 것은 2013년 10월의 일이었지만, 처음에 뉴저지주 버건 카운티 호적 담당 관보가 우리에게 실수로 혼인 증명서를 발급해 주었다.

a. 몇 주 뒤 오전에 담당자가 우리에게 전화해 실수를 알렸다. 간밤에 잠이 막 들려는데 문득 떠오르더라고요. 시민결합 증명서를 보관하는 서랍은 이쪽, 혼인 증명서를 보관하는 서랍은 저쪽인데, 음, 그러니까, 제가 다른 서랍에 손을 뻗었던 거죠.

그렇군요, 애나가 말했다.

다시 반송해 주셔야겠습니다, 담당자가 말했다.

싫은데요, 애나가 말했다.

음, 그럼 최소한 파기라도 해 주시길 부탁드립니다.

그럴게요, 애나는 그렇게 대답했지만 우리는 혼인 증명서를 액자에 넣어 침실 벽 대학 학위증 위에 걸어 놓았다.

[12] 2010-1UCU

나중에 그 담당자가 말하길 우리가 자신이 담당한 첫 시민결합 사례였단다.

THE CITY OF NEW YORK
OFFICE OF THE CITY CLERK
MARRIAGE LICENSE BUREAU

M-2012-2

License Number
S-2012-1510

Certificate of Marriage Registration [13]

This Is To Certify That   ANNA BELC

residing at   234 S 45th St Apartment # 1R, Philadelphia, PA 19104, United States

born on   04/23/1984   at   Krynica, Poland

and   KRYSTYN MARIE MCILRAITH   New Surname   BELC

residing at   234 S 45th St Apartment # 1R, Philadelphia, PA 19104, United States

born on   06/27/1987   at   New York City New York, United States

Were Married

on   07/02/2012   at   The Office of the City Clerk
By THERESA PRESTON   141 WORTH STREET
NEW YORK, NY 10013
United States

as shown by the duly registered license and certificate of marriage of said persons on file in this office.

CERTIFIED THIS DATE AT THE CITY CLERK'S OFFICE

Manhattan   July   02,   12
N.Y.   20

PLEASE NOTE: Facsimile Signature
and seal are printed pursuant
to Section 11-A, Domestic
Relations Law of New York.

Michael McSweeney
City Clerk of the City of New York

CETF

M0038687

뉴욕시 행정사무소
혼인 증명 발급 부서

[13] 혼인 증명서

우리가 뉴저지에서 했던 결혼식은 진짜 결혼식, 흰 드레스, 시어서커 수트, 컵케이크로 탑을 쌓고 건배를 하고 손님들의 호화롭다는 호평이 자자했던 이동식 화장실까지 갖춘 것이었다. 우리는 내 부모님의 교외 집 널찍한 뒷마당에서 결혼식을 열고 친구들을 모조리 불렀다. 나는 스물세 살이었고, 광란의 파티를 벌였다. 2년 뒤 뉴욕에서는 고등학교 시절부터 가장 친했던 친구가 점심시간을 이용해 시청으로 찾아왔다. 찌는 듯 더운 월요일이었다. 나의 개명을 위해 사회 보장 센터 앞에 줄을 서서 기다리는 동안 우리는 반바지에 티셔츠 차림으로 땀을 흘렸다. 시민결합만으로는 충분하지 않았고, 나는 2년 동안 비공식적으로 벨크라는 이름을 쓰고 있었다. 애나가 만삭에 가까운 몸으로 땀을 흘리는 모습을 본 경비원은 대리석으로 된 사무실을 향해 빙글빙글 둘러 이어져 있는 대기 줄의 앞쪽으로 우리를 보내 주었다. 서류를 보여 주는 것만으로도 절차는 끝이 났다. 공식적으로. 그다음에 우리는 쉐이크쉑에 가서 햄버거와 감자튀김과 밀크셰이크를 먹고 버스를 타고 집에 돌아왔다.

IN THE COURT OF COMMON PLEAS OF PHILADELPHIA COUNTY
FAMILY COURT DIVISION
ADOPTION BRANCH

IN RE: :   _____ TERM, 2016

                               :

ADOPTION OF: SANSOM RYAN BELC :   NO.

CONSENT OF BIRTH FATHER

I, _____ am an adult, having been born on _____

I am single, and I am the biological father of Sansom Ryan Belc, who was born

August 30, 2013, at The Birth Center, in Bryn Mawr, Pennsyvlania

The natural mother of the child is Krystyn Marie Belc (McIlraith). [14]

     I hereby voluntarily and unconditionally consent to the adoption of the above

named child.

     I understand that by signing this consent I indicate my intent to permanently give

up all rights to this child.

     I understand said child will be placed for adoption.

     I understand I may revoke this consent to permanently give up all rights to this

child by placing the revocation in writing and serving it upon the agency or adult to

whom the child was relinquished.

     If I am the birth father of the child, I understand that this consent to an adoption is

irrevocable unless I revoke it within 30 days after executing it by delivering a written

revocation to Court of Common Pleas, Family Division, Adoption Branch, 1501 Arch

Street, Philadelphia, Pennsylvania 19102.

     I have read and understand the above and I am signing it as a free and voluntary

act.

                                       _____

필라델피아 카운티 민사재판소 가정법원 입양 부서
샌섬 라이언 벨크 입양의 건
생부 동의서

[14] 저 ○○○○○는 ○○○○○에 출생한 성인입니다.
저는 미혼이며, 2013년 8월 30일 펜실베이니아주 브린마에 위치한
분만센터에서 출생한 샌섬 라이언 벨크의 친부입니다.
아이의 생모는 크리스틴 마리 벨크(매킬레이스)입니다.

우리 변호사가 샘슨의 입양 관련 서류를 나와 애나와 주고받기 시작할 무렵 나는 테스토스테론 요법을 시작했다. 나는 어머니라는 용어를 받아들이거나 사용한 적이 한 번도 없는데, 이제 모든 서류에 이런 방식으로 아이의 생모the natural mother of the child, 어머니라는 단어가 적혀 있는 것을 보니 손발이 오그라드는 것 같았다. 화가 났다. 샘슨과 나의 관계는 법정에 출두해 내가 그 애의 어머니라고 말하지 않아도 자연스러워 마땅했다. 내 몸 밖에서 나오자마자 내 몸속과 같은 냄새를 풍기던 아이. 그건 자연스러운 일이다. 몸을 찢어 열고 다시 꿰맸다. 이 또한 자연스러웠다. 내 몸이 찢어져 열리던 순간만큼 다시는 돌이킬 수 없게 느껴지는 일은 없었다. 난 누구의 눈에도 띄고 싶지 않아 침대를 떠나지 않았다. 자연스러운 일이었다. 나는 거울이며 타인들로부터 멀리 떨어져 둥글게 몸을 말고 자는 샘슨을 가슴 위에 올린 채 몇 시간을, 며칠을 보냈다. 그 애의 배와 내 배는 꼭 맞아떨어졌다. 나는 거울을 보지 않

았다. 그 누구라도 될 수 있었으니까. 샘슨은 내가 조금이라도 떨어질세라 손으로 내 옷을 붙잡고 놓지 않았다. 애나와 있을 때면 그 애는 울고 또 울었다. 하지만 내가 자리에서 일어나 그 애와 떨어지는 일은 거의 없었다. 배가 고프면 애나한테 땅콩버터와 젤리 샌드위치를 만들어 달라고 했다. 아무리 노력해도 애나는 내가 좋아하는 대로 빵 모서리까지 땅콩버터를 펴 바르지 못했는데도 말이다.

AFFIDAVIT OF CONCEPTION

COMMONWEALTH OF PENNSYLVANIA   :
                                                          SS
COUNTY OF   :

I, KRYSTYN MARIE BELC (McIlraith), attempted to get pregnant in October of 2012. The sperm donor was

I became pregnant on the first attempt but I had a miscarriage at five (5) weeks.

In December, I inseminated on December 11th, 13th and 14th, using needleless syringes and the sperm of   in my home. [15]

On December 23, 2012, I took a positive pregnancy test.

On December 24, 2012, I had my first bloodwork at the office of

to confirm the pregnancy.

On January 14, 2013, I had an ultrasound at the office of   which confirmed the gestational age (6 weeks, 5 days), at which time measurements were all normal and a heartbeat was seen.

I gave birth to Samson Ryan Belc on August 30, 2013, at [16]

The facts set forth herein are true and correct to the best of my knowledge, information and belief. I understand that this verification and the facts herein alleged are subject to the penalties provided by 18 Pa.C.S. Section 4904 (unsworn falsification to authorities). [17]

수정 진술서

[15] 저는 12월 11일, 13일, 14일에 자택에서 바늘 없는 주사기를 사용해 ○○○○○의 정자를 수정시켰습니다.

화요일, 목요일, 금요일에 수정을 시도한 게 성공 확률을 높였던 것 같다. 나는 몇 시간이나 '임신 게시판'을 보며 정자와 난자에 관해 공부했다. 어떤 상황에서 얼마나 오래 지속될 수 있는지 말이다. 또, 내가 읽은 책과 웹 사이트 대부분은 정자 제공자에게 시도하는 날짜들 사이에 하루씩 쉬는 날을 두라고 권했지만, 내 계산대로라면 목요일에 성공 확률이 가장 높았으므로 어떻게 되건 간에 금요일을 마지막 기회로 두기로 했다.

[16] 저는 2013년 8월 30일 ○○○○○에서 샘슨 라이언 벨크를 출산했습니다.

2016년 『산과 의학 Obstetric Medicine』에 실린 논문대로라면 트랜스젠더 남성은 일반 인구에 비해 천문학적으로 높은 확률로 (8.2퍼센트 대비 46퍼센트) 조산술을 선택한다고 한다. 논문 저자는 이 현상은 부분적으로 트랜스젠더들이 병원이라는 환경 외부에 남고 싶다는 욕망을 가지기 때문이라고 본다. 샘슨은 미국에서 가장 오랫동안 운영된 독립 분만센터에서 태어났다. 이곳의 직원은 모두 간호사와 조산사다. 병원이라는 환경 외부에 남고 싶다는 욕망 외에 내가 또 하나 고려한 사항은 분만하는 동안 분만실 안에 있는 사람 수가 더 적었으면—최대 2명—하는 것, 그리고 다만 아기뿐 아니라 내 건강에 초점을 맞춘 임신 중 진료가 더 길었으면 하는 것이었다.

[17] 여기 기입한 정보는 제 지식, 정보, 믿음에 비추어 진실하며 정확합니다. 저는 이 진술서 및 진술서에 기입된 사실들이 펜실베이니아 통합법령 18조 4904항에 해당하는 관계 당국에 대한 비선서 거짓 진술에 대한 처벌에 관한 조항을 조건으로 함을 이해하고 있습니다.

내 경험에 따르면 퀴어들 중 다수가 두 번째 부모 입양이 임신을 하지 않은 부모가 출산 시점부터 해 온 부모 노릇을 지워 버리는 모욕적인 처사라고 느껴 분노를 표한다. 나에게 있어 계속해서 지워지고 있는 건 입양 과정에서 최대한 축소되어야 했던 우리 아들들의 정자 기증자, 우리 가족과 밀접한 관계를 맺은 친구의 존재이다. 애나와 내가 우리의 아이를 입양해야 했던 게 불편했던 것만큼, 몇 번씩이나 반복되는 포기 선언 역시 불편했다.

First Judicial District of Pennsylvania
Court of Common Pleas
Family Division
Adoption Branch
1501 Arch Street, 11th Floor
Philadelphia, PA 19102
(215) 686-4259

Margaret T. Murphy
ADMINISTRATIVE JUDGE
FAMILY DIVISION

Walter J. Olszewski
SUPERVISING JUDGE
FAMILY DIVISION

Mario S. D'Adamo
DEPUTY COURT ADMINISTRATOI

Katherine T. Grasela
CHIFF OF COURT OPERATIONS

NOTICE

In re: Samson Ryan Belc
Sullivan Isaiah Belc

:CP-51-AP -0000503-2016
:CP-51-AP -0000504-2016

Kathleen M. Tana, Esquire
1845 Walnut Street, 24th Floor
Philadelphia, PA 19103

June 6, 2016

The Petition to Confirm Consent to adoption and Petition for Adoption regarding the above captioned ca
listed for hearing on **July 20, 2016 at 9:00am in Courtroom "5E", Philadelphia Family Court, 1501 A
Street 5th Floor**, Philadelphia, Pennsylvania 19102. After review of your Petition for Adoption, the Court
determined that pursuant to 23 Pa.C.S. §2101 et al, you will need to submit the following documentation
days prior to at the scheduled Adoption Hearing to *Prothonotary*, **11th floor, 1501 Arch Street, Philadelp
PA 19102. If not filed timely, administrative action will be considered.**

1. Original Petition to Confirm Consent **re: Samson** to be filed ASAP
2. Original marriage certificate **re: petitioners**
3. Original proof of citizenship **re: Anna** [18]
4. All clearances re: any other adults who reside in home (if applicable) [19]
5. Completed Adoption Decree(s) 3 copies for each adoptee.
6. Please provide the form from the State of Pennsylvania to amend the Birth Certificate completed

Margaret T. Murphy
6A

펜실베이니아 제1 지방법원 민사재판소 가정법원 입양 부서
샘슨 라이언 벨크, 설리번 아이제이아 벨크 입양의 건

[18] 3. 애나의 시민권 증서 원본

애나는 2000년 아동 시민권법이 통과된 직후인 2001년 미국 시민권을 얻었다. 2001년 2월 27일부터는 1983년 2월 28일 이후 출생한 이민 아동들은 부모 중 최소 한 사람이 태생적으로 또는 귀화를 통해 미국 시민이 되었으며 미국 영주권을 가지고 있다면 자동적으로 시민권을 부여받게 되었다. 이 법안이 통과되었을 때 애나는 막 17세가 될 무렵이었다.

[19] 4. (적용 가능한 경우) 자택에 함께 거주하는 모든 성인들에 대한 승인

샘슨이 이 집에서 평생 살았다는 점을 염두에 두길.

5.   The facts as to Krystyn Marie Belc (McIlraith), female petitioner, are as follows: [20]

    A.   Date and place of birth:

       June 27, 1987, Manhattan, New York

    B.   Racial background and religious affiliation:

       Caucasian, Catholic

    C.   Occupation:

       Teacher [21]

    D.   Relationship to Adoptee by blood or marriage:

       birth mother [22]

[20] 5. 여성 청원인 크리스틴 마리 벨크(매킬레이스)에 관한 사실들은 다음과 같다:

크리스틴 마리 벨크(매킬레이스)에 관한 사실들: 이 시기는 과도기였다. 테스토스테론 요법을 시작하고 첫 몇 달 동안, 나는 서류의 여성 란에 체크할 때마다 하루가 다르게 사람들이 기대하는 모습과 멀어지고 있다는 기분을 처음으로 느꼈다. 목소리가 갈라졌다. 어깨가 불거져 나왔다. 판사가 만에 하나 내게 질문을 한다면 최소한으로 해 주기를 바랐다.

[21] C. 직업: 교사

공판은 필라델피아 학군에서의 교사 일을 그만두고 한 달 이상 된 시점인 2016년 7월 20일로 잡혔다. 나는 4학년과 6학년을 가르쳤다. 바보 같고 귀여운 아이들이었다. 내 목소리가 왜 그러느냐고 물었다. 나는 아이들에게 내가 미시간으로 이사를 간다며 지도에서 어퍼 페닌슐러*를 보여 주었다.

a.   내가 가입한 노동조합의 혜택은 두 번째 부모 입양에 관련된 변호사 수임료를 보장해 주었다. 나는 수천 달러를 내는 대신 수백 달러의 법원 수수료만 지출했다. 우리는 손을 입양할 때 고용했던 변호사를 고용했는데, 그 사람은 우리의 유언장과 위임장 초안을 작성했던 변호사이기도 했다. 우리는 할 수 있는 모든 보호 조치를 다 할 생각이었다.

[22] D. 입양 대상자와의 혈연 또는 혼인 관계: 생모

트랜지션을 통해 얻는 것이 있고 잃는 것이 있다. 새로운 몸, 자신감, 아빠라는 자격, 남성에게 부여되는 힘이 있다. 또 잃는 것도 있다. 아이와 연결되어 있다는 추정이다. 물론 정자도, 생물학적 아버지가 되는 것도 연결이지만, 그건 다른 문제다. 임신, 출산, 진정한 창조라는 추정은 떨어져 나간다. 법원에서 나는 아이를 출산한 부모로서의 공식 행보는 이것으로 마지막일 거라고 생각했다.

---

* 미시간주 북부 지역.

[23] 펜실베이니아주 필라델피아 카운티 민사재판소
고아재판소 담당 부처
샘슨 라이언 벨크 입양의 건

나는 몇 년간 이 서류를 몇 번이나 본 뒤에야 이 사실을 알아차렸다. 끝도 없는 법적 서류 꾸러미 안에 들어 있는 다른 서류들은 모두 펜실베이니아 제1 지방법원, 민사재판소, 가정법원, 입양 부서에서 발행한 것이다. 그런데 이 공고문을 발행한 곳은 고아재판소, 필라델피아 법원 웹 사이트에 따르면 스스로 자신의 일을 관리할 능력이 없는 모든 사람 및 기관의 인격권 및 재산권을 보호하는 곳이었다.

a. 웹 사이트의 내용은 다음과 같이 이어진다. 재판소의 명칭에 들어간 "고아"는 부모의 죽음으로 인해 불우해진 아동이라는 통상적 의미의 "고아"가 아니라 보호가 결핍된 주체라는 일반적인 정의에서 유래했다.

b. 그럼에도 자꾸만 나는 고아재판소라는 명칭을 머릿속으로 되뇐다.

c. 고아재판소는 아동, 입양 부모, 그리고 친부모 사이의 연락을 중재한다.

d. 샘슨의 경우 그 애의 입양 부모와 친부모는 결혼한 사이다.

e. 샘슨의 정자 제공자와 우리 가족 사이에 서면 합의는 존재하지 않는다.

f. 우리는 몇 달에 한 번 그와 문자 메시지나 이메일로 연락한다.

g. 이 일에 관련된 모든 성인들은 더 자주 연락하기로 합의했지만 살다 보니 그러기가 어려웠다.

h. 샘슨이 다섯 살이 되기 몇 주 전 여름에 나는 그를 만난다. 나는 트랜스 웰니스 콘퍼런스에 참석하러 가고 그 역시 그 행사에 온다. 콘퍼런스의 점심시간엔 사람이 너무 많아서 우리는 콘퍼런스 센터 벽을 따라 놓인 바닥 좌석에 앉게 된다. 나는 반 마일이나 걸어가서 사 온 팔라펠을 먹는다. 미국에서 여섯 번째로 큰 도시인, 나의 집, 우리 집, 필라델피아 한가운데에 있는데도 말이다. 내 아이들

의 정자 기증자는 하나도 변하지 않고 나이도 전혀 먹지 않은 것만 같다. 내 눈에 그는 언제까지나 20대 초반, 낡은 검은색 마운틴 바이크를 타고 웨스트 필라델피아를 누비던 너저분한 행색의 간호학과 학생이다. 하지만 그는 이제 의사이고 결혼해서 아이도 있다. 우리 둘 다 집을 소유하고 있다. 둘 다 서른한 살이다. 그가 내 아이들의 안부를 묻자 나는 간략히 알려 준다. 그와 나는 그리 친하지 않다. 한 번도 그렇게 친했던 적 없다. 그러나 기회가 있으면 서로 만나려 애쓴다. 우리의 삶의 궤적이 어떻건 우리는 영원히 뗄려야 뗄 수 없는 사이다. 사람 하나를 함께 만들었으므로. 그가 없었다면 샘슨은 샘슨일 수 없었을 것이다. 존재하지 못했을 것이다. 그를 만날 때마다 나는 그가 무슨 말을 하건 대답으로 고맙다고 말하고 싶은 욕망을 참느라 애쓴다.

i.   나는 포옹할 때마다 내가 어색해하는 것을 스스로 의식하는 편이고, 그에게 작별 인사를 건네기 전 마음의 준비를 단단히 하고 그에게 따뜻한 포옹을 한다.

ii. 내 아이들의 존재를 가능케 한 이에게는 아무리 감사해도 부족하다.

[24] 필라델피아 카운티 민사재판소 가정법원 입양 부서

이 서류를 보면 정말 슬퍼져, 작성된 지 2년이 넘은 이 서류를 내가 발굴해 내자 애나가 말한다.

왜? 내가 묻는다.

모르겠어, 그녀가 말한다. 그냥 슬퍼.

Commonwealth of Pennsylvania

First Judicial District of Pennsylvania
In the Court of Common Pleas
Philadelphia County
Family Division

IN RE ADOPTION OF   :   CP-51-AP-0000503-2016
SAMSON RYAN BELC   :

CERTIFICATE OF ADOPTION

AND NOW, to wit, this 20th day of July, 2016, upon consideration of the Petition of **Anna Belc and Krystyn Marie Belc, nee Mclraith**, for the adoption of **SAMSON RYAN BELC**, a child, and after hearing held thereon by the Court on July 20, 2016, at which time the said minor was present, together with Petitioners, the Court finds that the statements made in the Petition are true, and that the welfare of the child proposed to be adopted will be promoted by such adoption. [26]

All requirements of the Acts of Assembly have been fulfilled and complied with.

It is **ORDERED AND DECREED** that the said adoptee shall have all the legal rights of a child and heir of the said Petitioners.

It is further **DECREED** that the said child shall hereafter be known by the name of SAMSON RYAN BELC. [27]

BY THE COURT:

WALTER J. OLSZEWSKI
SUPERVISING JUDGE

In Testimony Whereof, I have hereunto set my hand and affixed the seal of said Court this 20th day of July, 2016.

Eric Feder
Deputy Court Administrator
Director, Office of Judicial Records

By: *Jennifer E. Haughton*
       Jennifer E. Haughton

펜실베이니아 연방국

펜실베이니아 제1 지방법원 민사재판소 가정법원 입양 부서

샘슨 라이언 벨크 입양의 건

입양 확인서

[25] 2016년 7월 20일 오늘, **애나 벨크와 크리스틴 마리 벨크(결혼 전 이름 매킬레이스)**의 **샘슨 라이언 벨크** 입양 청원에 따라, 상기한 아동과 청원인들의 입회하에 2016년 7월 20일 법원에서 공판을 거친 후

우리는 가정법원 대기실의 플라스틱 의자에 앉아 있고 아이들은 조그만 금속 장난감 자동차가 우리 다리를 타고 오르게 하는 장난을 쳤다. 우리가 무서운 표정을 지어 보여도 굴하지 않고 앞자리 의자 뒷면을 발로 차 댔다. 우리는 아이들에게 과자를 나누어 주었다. 시간이 얼마나 걸릴지 감조차 잡을 수 없다. 주변의 다른 부모들도 마찬가지다. 우리는 모두 아이들을 달래려 애쓰며 그 아이들과 함께 집으로 돌아가기를 바라는 마음으로 기다리고 있다. 샘슨은 거의 세 살이 다 되었다. 샘슨을 입양하기 전 때로 나는 그 애한테 이런 말을 했고—샘슨, 네 티셔츠를 냅킨으로 쓰지 마라. 샘슨, 쉬하기 전에 고추를 변기 쪽으로 겨냥해야지—그럴 때마다 법적으로 그 애가 완전히 나만의 것이라는 생각을 했다. 그 책임감에 기가 질릴 것 같았다. 그 애의 출생증명서에 쓰인 내 이름. 애나, 법률상으로는 무관한 사람. 샘슨은 왜 법원에 자기 의상을 가져오는 걸 깜박했느냐고 물었다. 내가 무슨 의상? 묻자 그 애는 재입양Redoption 의상이요,라고 대답한다.

a. re-: 다시

b. optio(n): 선택

[26] 법원은 청원인들의 진술이 진실이며 입양을 통해 입양된 아동의 복지가 향상될 것이라고 판단한다.

복지welfare: 특히 돈, 행복, 안녕, 번영에 있어 성공적인 상태.

아동복지child welfare: 아동의 복지(건강 및 가정 상태의 개선) 그리고 직업 훈련에 있어 아동의 복지에 치중하는 사회사업.

a. 2018년 버펄로의 가톨릭 채리티스는 아동복지 서비스를 유예했다. 이 기관의 CEO는 미래의 성 소수자 부모에 대해 이렇게 말했다: 이들이 도움을 구한다면 우리는 상담을 제공하겠으나 이들에게 아이를 주지는 않을 것입니다.

b. 2020년 여름 대법원은 풀턴 대 필라델피아시 사건 청문회를 열 것이다. 필라델피아 가톨릭 사회복지회(CSS)는 자신들이 성 소수자 가족의 위탁 부모 노릇을 금지한다는 이유로 필라델피아시가 위탁 기관 지위를 부당하게 박탈한다고 주장했다.

    i. CSS의 주장: CSS는 가정 학습 자격증은 가정 내 관계를 보증하는 것이며, 따라서 이는 결혼하지 않은 이성애자 부부 또는 동성애자 부부의 가정 학습 또는 보증을 제공할 수 없다고 굳게 믿습니다.

    ii. 아직까지도 우리 같은 가족이 아동이 자라나기에 최적의 환경이 아니라고 생각하는 세상에서 아동의 복지를 향상시킨다는 게 무슨 의미일까?

[27] 따라서 상기한 아동의 이름은 지금부터 **샘슨 라이언 벨크로 결정한다.**

그날 오후 집으로 돌아왔을 때 모든 것이 전과 똑같았다. 그날도, 그 후의 매일매일도. 밤이면 우리 중 집에 있는 사람은 샘슨과 함께 앉아 그 애가 우리 침대에서 잠들 때까지 조그만 손을 잡아 주었다. 애나가 집에 오면 우리 둘 중 한 사람이 그 애를 조심히 안아 들어 그 애의 방으로 데려가 구석에 놓인 조그만 아기 침대에 눕혔다. 애나가 병원에서 밤샘 근무를 하는 날이면 샘슨과 나는 그 애가 태어난 그날처럼 침대 한가운데에서 서로를 부둥켜안고 같이 잤다. 아침에는 그 애한테 시나몬 토스트와 꿀을 뿌린 요구르트와 얇게 자른 과일로 아침 식사를 만들어 주었다. 샘슨이 매일같이 일찍 일어나는 바람에 우리는 늘 피곤했다. 그 애가 제일 좋아하는 저녁 식사 메뉴는 닭다리나 갈빗살 같은 뼈에 붙은 고기였고, 음식을 먹을 때면 언제나 난장판을 만들었다. 우리가 쳐다보지 않을 때면 포크를 내려놓고 두 손으로 입 안에 음식을 욱여넣었다. 그 애가 좋아하는 색은 분홍색이었다. 그 애가 좋아하는 일은 빙글 돌기, 폴짝 뛰기, 몸부림치기였다. 그 애는 머리를 소파 쿠션에 묻고 거꾸로 텔레비전을 보았다. 그 애는 우리가 법원에서 데려온, 이제는 우리의 아들, 우리 두 사람 모두의 아들이 된 바로 그 샘슨이었다.

Mother/Parent's Name before first marriage: **KRYSTYN MARIE MCILRAITH**

Father/Parent's Name: **ANNA BELC**

거침없는 삶
Wild Life

직장 동료들이 임신하면 너는 집에 와서 내게 전부 말해 준다. 아이들은 아직 반쯤 파자마 차림으로 집 안을 뛰어다니며 고함을 지르고 장난감을 있는 힘껏 널브러뜨린다. 오전 8시, 나는 식기세척기를 비우고 작은 소쿠리에 담은 베리를 씻고 아이들의 팬케이크를 잘라 주면서 샘슨의 도시락 통을 찾는다. 도시락 통은 소파 밑에 있다. 나는 눈을 감고 커피가 잠을 깨워 주길 기다리며 아침 식탁에 앉아 있다. 아빠가 아침 첫 커피를 마시기 전에는 힘들게 하면 안돼, 네가 말한다. 너는 트럼프 카드를 나눠 주듯 접시와 포크를 나눠 준다. 너는 임신한 동료들 이야기를 하고 싶어 한다. 너는 예정일이 언제인지 파트너는 어떤 사람들인지 어디에서 출산할 예정인지 몸 상태는 어떤지 말하고 싶어 하고, 나는 이런 이야기가 못 견디게 싫다는 말을 입 밖에 내지 않는다. 그들의 출산 이야기에 내가 관심이 있다고 오해받고 싶지 않아 네게 너무 바싹 다가가 서 있지 않기로 한다. 흘려듣는 티를 내자 상황은 더 나빠진다. 바로 그때, 내가 샘슨, 갓 태어난 미끈거리는 그 애의 머리를 내보냈던 그 욕실이 머릿속을 스친다. 태어날 때 그 애는 너무 졸려하고 있어서 울음을 터뜨리도록 자극을 주어야 했다. 에너지를 아끼고 있던 거였어, 샘슨을 알게 된 뒤에 우린 이렇게 말한 적 있다. 너는 네가 간호학교에서 어떤 여자들은 치매에 걸려 모든 기억이 부스러져 내리는 와중에도 출산했던 그날만은 생생하게 기억한다고 배웠다는 이야기를 한다. 그건 내 삶을 정의한 경험이기도 하다. 임신한 사람 가까이에 있으면 나는 한때 샘슨이 있었던 텅 빈 자리를 느낀다. 내가 깊이 존경하는 한 교수가 자신의 임신 사실을 밝히는데, 이성적이지 않고 온당하지 않다는 것을 알면서도, 샘슨 이야기를 했을 때 그녀의 얼굴에 떠오른 놀란 표정은 내게 상처를 준다. 교수는 역겨워하는 것이 아니라 그저 놀랄 뿐이다. 그 누가 상상이나 했겠는가. 그 순간 나는 나의 과거와 현재를 동시에 가질 수 없다는 사실을 깨닫는다. 샘슨과 내가 어떻게 혈연관계로 이어져 있는지를 설명해야 한다는 게 괴롭다. 나는 내 삶이, 그 애의 삶이, 깜짝 놀랄 만한 일인 게 싫다. 웬만한 경우에 나는 설명할 필요가 없다. 아무도 묻지 않는다. 그 누가 상상이나 하겠는가.

그리운 것들이 있다. 미시간으로 오기 전, 테스토스테론 요법을 시작하기 전, 필라델피아에서는 사람들이 나와 샘슨을 보는 것만으로도 그 애가 내 아들이라는 것을 알고 내가 그 애를 낳았다고 생각하며 그 애한테 아름답다고 해 주곤 했다. 이제 그 누구도 그런 말을 하지 않는다. 이제 사람들은 당신 정말 좋은 아빠예요라고 하는데 이제는 내가 남자라고, 남성은 아이와 관련된 그 어떤 행위도, 그중에서도 아이를 낳는 일은 할 수가 없다고 생각하기 때문이다.

때로 나는 샘슨이 나처럼 자기 아이를 만들 수 없다는 사실이 안타깝다. 그 애는 다른 사람들과 유전적으로 연결될 수는 있겠지만 내가 그 애와 맺는 것처럼 단 한 사람과의 관계를 맺을 수는 없을 것이다. 화면 속, 내 등이 하얀 종이 시트를 구기고 내 다리는 힘없이 늘어져 안절부절못하고 있고 내 배에는 윤활제가 칠해져 있고 내 몸속으로 검사봉이 밀려 들어간다. 아들,이라고 기계는 말했다. 그 순간 나는 안도했다. 그 애가 갖게 될 삶, 소년으로서 살게 될 삶이 더 수월할 것 같아서였다. 그러나 지금은 예전에 몰랐던 것들을, 적어도 그때와는 다른 것들을 안다. 내가 한 일은 아름다운 일이었다. 때로 나는 내가 그들의 세계에서 너무 멀리 벗어나 버리기 전

나를 사랑하고 수용해 주던 여성들이 그립다. 어머니가 그립다, 비록 어머니는 지금의 나, 그러니까 수염이 있고 어깨가 넓고 미소, 언제나 미소를 잃지 않는 나를 더 좋아하지만. 그러나 어머니는 우리가 같은 사람이라고 생각했다.

샘슨이 내 안에 살고 있었던 시절, 내가 얼마만큼 내 것이었고 또 얼마만큼 그 애 것이었는지 잘 모르겠다. 임신했을 때 나는 그 애를 보호하기 위한 수많은 결정들을 내렸다. 학생들이 주먹다짐을 하고 싸우자 동료는 내 어깨를 손으로 붙잡고 나를 그 자리에서 떼어 놓으면서 이렇게 꾸짖었다. 임신 중이잖아요, 벨크 선생님. 내가 더는 오롯이 나 자신이 아니라는, 다시는 온전히 나 자신으로 돌아갈 수 없다는 사실을 잊는 그런 순간들이 있다. 오 년하고 반, 우리가 신체적으로 연결되어 있던 시절로부터 기나긴 시간이 지난 지금 그 애를 보고 있자면 내 몸을 한 조각 떼어 그를 만들었다 해도 말이 되는 것처럼 느껴진다. 나를 이렇게 빼닮은 누군가가 내 몸을 빠져나오는 길에 아무것도 빼앗지 않고 나올 수 있을까? 내가 느끼는 외로움의 일부를 그 애 탓으로 돌리는 건 잘못된 일일까? 우리의 다른 아이들은 너에게서 무언가를 빼앗았을까? 샘슨 역시 나에게 그 애의 자취를 남겼다. 넓어진 골반, 헐거워진 가슴, 그리고 무엇보다도, 내 몸속에 살아 있는 그 애의 세포. 1996년 터프츠 대학교의 한 유전학자는 아들을 출산한 지 27년이 지난 한 여성의 몸에서 남성 태아 세포를 발견했다. 이 세포들은 임신 7주라는 이른 시기에 추적되기도 하고, 사망한 어머니의 뇌에서 발견되기도 한다. 이 마이크로키메리즘microchimerism 세포들은 첫 몇 년간 인간의 몸속에서 이동하며 손상과 치유를 동시에 일으킨다. 상처가 났을 땐 이 세포들이 자신들의 창조자를 수선해 준다. 종양 안에는 이 세포들이 자신들의 창조자를 산산조각 내려 했던 흔적이 나타난다. 우리는 이런 방식으로 세포들에게 우리를 열어 준다. 우리 아이들이 몸 밖으로 나간 뒤에도 아이들의 일부는 우리의 몸속, 우리의 핏속에서 살아간다.

샘슨은 종종 옛날 사진을 들여다보는 내게 호기심을 가진다. 우리 사진, 네 사진. 샘슨은 아직 과거를 돌아보기에는 너무 어리다. 나는 손의 나이의 네 사진에서 눈을 뗄 수가 없다. 손처럼 너도 이가 두 개 빠졌다. 네 코 역시 손의 코처럼 주근깨투성이다. 너는 물, 아마도 호수를 배경으로 서 있다. 너는 어릴 때 바르샤바의 주택 단지에 살았는데, 휴가 중이었을까? 너는 환하게 웃고 있다. 너는 어린 시절이 행복했다고 한다. 너와 가장 닮게 나온 사진 속에서 손은 얼굴을 찡그리고 있다. 손은 진지한 아이다. 과학을 다룬 책을 좋아한다. 달력에 모든 걸 적어 두려고 하는 아이다. 손이 힘들어할 때면 우리는 너의 고집스러운 면, 아침부터 기분이 나쁜 채로 잠에서 깨면 온종일 즐거운 일이라고는 죽어도 하지 않는 그런 나날들 이야기를 한다. 너와 손이 꼭 닮았다고 말이다. 속옷을 빨래 바구니에 넣는 일이나 책을 책꽂이에 다시 꽂는 일을 놓고 손과 말다툼을 하고 있자면 꼭 너와 입씨름을 하는 것 같다. 아이를 가진 뒤 너는 더 진지해졌다. 손이 웃으면 나는 암호를 풀어 낸 것 같은 기분이 된다.

샘슨은 거의 매일 아침 흥분한 채 눈을 뜬다. 샘슨에 관한 글, 우리가 연결되어 있다는 글을 쓰기 시작했을 때, 나는 질투에 관해 쓰곤 했다. 그때 그 애는 아장아장 걷는 아기였다. 내 몸은 아직도 그를 낳고 말랑말랑한 상태였다. 그 애는 손이 입던 옷, 공룡과 야구 그림이 있는 티셔츠와 청바지를 입었다. 어디로 가든 나는 그 애를 업고 다녔다. 그는 말을 조금 했는데 주로 과자 이야기였다. 몇 년간 그 애의 몸과 내 몸 사이의 경계엔 구멍이 숭숭 뚫려 있었다. 아홉 달의 임신, 이 년의 수유. 나는 나를 빼닮은 누군가가 내가 마땅히 가졌어야 할 어린 시절을 보내는 모습을 옆에 서서 지켜보아야 한다는 사실에 화가 났다. 내가 이 소년을 만들고 먹여 길렀다는 사실에. 그러나 지난 몇 년 사이 많은 것이 달라졌다. 나는 호르몬 투여를 시작했다. 샘슨은 여전히 제멋대로고 내가 아는 그 누구보다 잘 웃지만 그렇다고 그 애의 인생이 수월하다는 뜻은 아니다. 그 애는 언제쯤 우리 가족 같은 다른 가족들을 만날 수 있는지 묻고, 나는 잘 모르겠다고 솔직히 말한다. 샘슨, 내가 묻는다. 혹시 우리 가족 중에 내가 만든 아이가 한 명 더 있다면 네가 더 편할까? 그 애는 한참 동안 생각하다가 마침내 모르겠어요,라고 한다.

그리고 지지가 태어났다. 그 애는 아직 기저귀를 찬다. 첫째와 둘째는 13개월 터울이다. 지지는 우리가 좀 더 연습을 거친 뒤에 태어났다. 이제 우리는 우리가 바라는 상황을 전부 계획할 수는 있지만, 우리가 바라는 대로 아이들의 어린 시절을 만들어 줄 수는 없음을 안다. 형들이 네가 남자애인지 여자애인지 둘 다인지 둘 다 아닌지 묻자 지지는 말한다, 난 아기야. 이 집에서는 자신이 스스로를 바라보는 방식을 새로이 정의할 기회가 언제든지 있다. 우리는 그 애를 손과, 샘슨과 비교하고 있는 우리 모습을 깨닫는다. 웨스트 필라델피아의 우리 집 침실에서 수정된 첫째와 둘째와는 달리 지지는 병원 진료실에서 수정되었다. 나는 그 자리에 없었다. 우리 집 아이들 중 태어났을 때부터 나를 아빠로 알았던 건 지지가 유일하다. 우리는 다른 아들들 그리고 내가 겪은 것과는 다른 방식으로 함께 성장하고 있다. 내가 테스토스테론을 시작했을 때 지지는 5개월이었다. 지지가 태어난 날 밤, 새 식구가 생기면 으레 그렇듯 샘슨은 더 이상 우리 가족의 중심이 아니게 됐다.

내가 내 어머니, 심지어 네 어머니와 공통된 무언가를 잃은 이상, 네가 내게서 사랑했던 모든 걸 내가 여전히 가지고 있을 순 없다. 너는 내 부모님이 처음 휴가를 떠난 겨울, 내 부모님 집에 함께 가서 동생들을 돌봐 주자고 했다. 늘 대가족을 갖고 싶었다고 너는 말했다. 나는 어머니에게 친구를 데려간다고 했다. 그 주에 너는 내가 내 어린 남동생의 8학년 농구팀 코치를 해 주는 모습, 위용이 넘치는 어머니의 쉐보레 서버번을 끌고 동생들을 학교에 데려다주는 모습, 부엌 식탁에 앉아 숙제하는 동생들을 감독하는 모습을 보았다. 나는 어머니의 부엌에서 가족을 위한 저녁 식사를 만들었고 너는 처음으로 내 가족이 되었다. 네가 마음을 정한 건 그때였을까? 때로 나는 내가 바로 여기 있는데도 네가 나를 그리워할까 걱정이다. 어디까지가 보통이고 어디까지가 아닐까? 나는 내가 애정 결핍이라는 걸 인정한다. 난 우리가 걱정된다. 다들 이런 기분으로 사는 걸까? 나는 수많은 것들에 대해 이 질문을 던지게 된다. 샘슨이 두 살이 되어 수유가 끝나자 나는 테스토스테론 요법을 시작해 앞으로 나아가기로 마음먹었다. 약국에서 나는 네게 전화해 마음이 바뀌었다고 했다. 시작하지 못하겠다고 했다. 결정은 오롯이 네 몫이야, 너는 말했다. 그 뒤를 이끌어 줄 길잡이는 없었다. 너는 타겟에 갈 때면 아무리 바가지 가격이라도 또 아무리 내 몸에 좋지 않다는 걸 알아도 잊지 않고 계산대 앞 냉장고에서 나를 위한 다이어트 콜라 한 병을 사고, 매년 내 크리스마스 양말 안에 내가 제일 좋아하는 버번 한 병을 욱여넣어 주고, 또 기회가 있으면, 우리 둘이서 보낼 수 있는 드문 밤이면 함께 범죄 채널을 보는 동안 내 발을 마사지해 준다. 하지만 나는 네가 사랑하는 건 내가 벗어나 떠나 버린 나 자신, 샘슨이 내 몸에서 나올 때 빼앗은 부분이라는 것을 안다. 샘슨이 없었더라면 나는 예스라고 외칠 만큼 나 자신을 믿지 못했을 것이다. 호르몬 요법에 대해서 예스라고 외치고, 살아가는 법을 탐색하는 데 있어 예스라고 외칠 만큼. 네가 나를 여성이라 여기며 사랑한 것은 처음 만난 일 이 년 동안이 전부였으나 우리 주변에 있는 사람들은 세월이 지나도 여전히 내가 여성이라 생각했다. 그 시절 우리는 세상이 우리를 적대시한다고 여겼으나 이제 그 벽은 무너졌다. 나를 보라. 누가 나를 여성이라 생각하겠는가. 아이들을 데리고 남자 화장실에 가면 사람들은 내가 아닌 샘슨을 쳐다본다. 그 애가 분홍색 옷을 좋아하기 때문이다. 지금은 모든 게 단순하다. 안전하다. 나는 아빠고 너는 엄마다. 나의 예전 몸, 샘슨을 만들었던 몸은 희미한 과거가 되어 버렸다. 다른 아이들이 샘슨을 아빠가 낳은 아이라고 놀렸을 때, 선생님이 그 자리에 있었지만 아무 말도 하지 않았다고 그 애는 말했다. 사람들이 무슨 말을 하면 좋을지 알고 있을 거라고 기대하는 게 그 애의 착각이다. 우리는 게이 친구들을 만들려고 애를 쓰며 살아오지 않았는데, 그래서 우리한테 미안하다. 나는 네가 다른 '여자' 때문에 나를 떠날지도 모른다는 불안에 집착한 적은 없지만, 사실은 다른 누구도 상상하지 못할 나의 어떤 점을 네가 그리워할까 걱정하고 있다.

사람들은 네 출산 경험에 대해 세 아이 모두를 상정하고 묻는다.

임신한 네 모습은 정말이지 아름답기에 어찌 보면 이해할 수 있는
일이다.

태아의 마이크로키메리즘을 다룬 기사들이 어머니의 몸속에서 발견된 아들의 세포에 초점을 맞추는 것은, 지정성별 남성과 모체 여성의 염색체 차이로 인해 쉽게 식별할 수 있기 때문이다.

상상해 봐, 때때로 너는 말한다. 우리한테 딸이 있었다면 어땠을까. 네가 딸을 낳았다면 어땠을까. 그러면 우리는 둘 다 각자의 어머니를 생각하며 말이 없어진다. 어쨌거나 우리의 세포가 우리가 누구인가에 관해 무슨 말을 한다는 말인가.

어쩌면 이미 딸을 낳은 걸지도 모르지, 나는 말한다.

너와 내가 언쟁을 벌일 때와 똑같이 너와 샘슨이 말씨름을 벌일 때가 있다. 그 애는 바라는 게 너무 많고 지나치게 거칠게 논다. 너와 숀과 지지는 소파에 앉아 책을 읽는데 샘슨은 창틀에 걸터앉아 있다. 그 애한테는, 나한테는, 가라앉힐 수도 있고 멈출 수도 없는 무언가가 있다.

그 애가 나처럼 서른한 살이 되면 그 애도 신생아 때, 아기 때, 어린 시절 전체, 내 삶을 정의한 그 나날에 찍은 자기 사진을 보며 거리감을 느끼게 되면 어떡하나 하는 걱정을 한다.

우리 아이들은 터울이 적어서 아이들의 아기 시절에 대한 내 기억
역시 대개 맞물린다. 움직이는 지하철 안에서 아이들 모두 흔들리
지 않게 하려고 꽉 붙잡고 있는 내 손 안에서 덜컹거리던 유아차
손잡이. 구겨진 깨끗한 옷, 납작하게 눌린 프레첼이 들어 있는 작
은 봉투들이 들어 있던 배낭들. 피시타운 놀이터에서 누가 훔쳐 간
보라색 배낭. 그 안엔 우리 가족이 처음으로 산 비싼 카메라가 들
어 있었다. 오전 여섯 시에 영업을 시작하는 필라델피아의 모든 커
피숍을 알게 된 이른 아침들, 수없이 많은 이른 아침들. 우리는 네
가 야간 근무를 마치고 집으로 돌아오길 기다리며 동네를 돌아다
녔다. 둘은 유아차에 타고 갓 태어난 막내는 아기 띠로 둘러멘 채
로. 아이들이 쌀을 쥐어 집 안에 온통 흩뿌리기 시작한 뒤로 내가
밥 짓기를 그만둔 것. 우리는 그 시절에 찍은 사진이 많다. 그러나
그 시절은 소란스러웠고, 우리는 자고 있지 않았고, 나는 두 가지
버전의 나 사이에 있었으며, 그 무엇도 분명치 않았다. 아이가 생
기기 전 나는 어머니가 내 어린 시절 있었던 중요한 사건들 중 대
다수를 기억하지 못한다는 사실이 믿기지가 않았다. 어머니는 모
든 날짜를 임신과 연결지어 기억했다. 여섯 번의 임신. 그런데 나
도 이제 이해가 된다. 우리 가족의 기억 중 내게 가장 선명한 것은
미시간에서 시작하는데, 아이들이 크기 시작했고 나 역시 덜 피곤

해진 시점이기 때문이다. 우리는 내가 대학원 첫 학기를 마친 기념으로 아이들을 데리고 피자를 먹으러 나갔다. 미시간이 언제나 그렇듯 그날도 추웠다. 식당 안 구석마다 자리한 텔레비전에서는 야구 경기가 나오고 있었고 나는 샘슨을 살펴보았지만 그 애는 경기를 보고 있지 않았다. 그 애는 오로지 나만 보고 있었다. 때로 나는 스포츠를 할 때 그 어느 때보다도 살아 있는 기분이 들곤 했다. 나는 아이들 중 단 하나라도 농구를 좋아해 주기를 바랐지만 알고 보면 우리가 통제할 수 있는 것은 거의 없다. 샘슨은 내가 입은 스웨트셔츠 지퍼를 캥거루처럼 잠글 수 있을 만큼이나 바짝 붙어 앉아 있었고, 살짝 거리를 벌려도 그 애는 다음 순간 다시금 내게 찰싹 달라붙었다. 너는 숀과 나란히 앉아 퍼즐을 하고 있었는데 두 사람 사이에는 한 사람이 더 들어가 앉아도 충분할 거리가 있었다. 내 무릎과 샘슨의 무릎은 마치 하나로 합쳐진 것 같은 느낌이 났다. 내가 시외에 갈 때면 샘슨은 페이스타임을 걸어 운다. 크리스가 필요해요, 그 애는 말한다.

나는 그 애한테 너에 관한 글을 쓰고 있다고 말해 준다. 그 애는 왜 냐고 묻는다.

네 이야기를 빼면 내 이야기를 쓸 수가 없거든, 괜찮니?

좋기도 하고 안 좋기도 해요, 그 애가 말한다.

어머니날이 되자 내 어머니 사진을 찾고 싶다. 너는 어젯밤 근무를 하고 와서 오늘도 다른 여러 날처럼 온종일 잠을 잔다. 나는 컴퓨터에 저장된 사진들을 클릭해 넘겨 본다. 샘슨이 어깨 너머로 어린 시절 내 사진을 본다. 사진 속 나를 알아보자 그 애가 눈을 반짝인다. 크리스 엄마는 크리스가 남자인데도 치마를 입게 해 주는 사람이라서 멋져요, 그 애가 말한다. 그는 우리 사이 공통점을 찾는 걸 좋아한다. 우리 둘 다 얼굴이 둥글고, 코가 납작하고, 눈이 파랗고, 치마를 입는다는 것. 그럼에도 우리에게는 새까맣게 보일 정도로 강력한 남성적 에너지가 있다. 더러운 무릎, 헝클어진 금발. 나는 그 애한테 말해 준다. 아니야, 기억나니? 내가 저 나이 때 우리 엄마는 내가 여자애라고 생각했어. 샘슨은 그 이야기를 잊어버린 뒤다. 우리는 이 이야기를 여러 번 했다. 우리 엄마는 나한테 치마를 입혔어, 내가 말한다. 그래야 한다고 생각한 거지. 손과 지지가 문간에 서서 우리 이야기를 듣고 있다. 나와 샘슨 사이는 그 애들과 애들 엄마 사이보다 훨씬 복잡하고, 심지어 아이들도 그 사실을 안다. 우리는 샘슨이 자기 성별을 직접 이야기하길 바라며 그 애를 키웠고 그 애는 내가 내 어머니에게 내 성별을 언제 이야기했는지 궁금해한다. 그때 난 이미 어른이었단다, 나는 애매하게 대답한다. 그 애가 내 얼굴을 두 손으로 잡아 자기를 똑바로 보게 한다. 그러니까 언제냐고요,

육십 살? 사십오 살? 유치원 선생님 말로는 샘슨의 숫자 개념은 아직 그리 발달하지 않았단다. 그 애는 너무도 작고 자신에 대한 확신이 없던 시절 내 모습을 모른다. 그 애가 태어나기 전까지 내가 다른 사람 흉내를 내며 살았다고 내 아이한테 말할 수는 없는 노릇이다. 다른 사람들을 편안하게 해 주기 위해서 말이다. 내 부모님은 당신들이 얼마나 열심히 일하는지, 우리가 당신들에게 얼마나 큰 빚을 지고 있는지를 늘 잊지 못하게 했는데 부모가 되고 나서야 그 뜻을 알겠다. 부모님은 내가 그들을 지금의 모습으로 빚은 거라고 생각할까, 나에게 당신들이 빚을 지고 있다고 생각할까. 내 어머니에게는 아이가 여섯이었지만 내가 첫째였다. 샘슨은 내 몸을, 내가 나 자신을 이해하는 방식을 영원히 바꿔 놓았고 그 애는 여전히 나를 밀어붙이고 있다. 새 학기를 앞두고 쇼핑을 할 때 그 애는 새까만 운동화를 신으면 세상에서 제일 빨리 달릴 수 있을 거라고, 원피스는 그저 길고 편안한 셔츠나 마찬가지라고 말했다. 그 애는 필라델피아 필리스 티셔츠에 무지개색 치마를 입고 있다. 반짝거리는 플랫 슈즈와 갑옷을 입고 있다. 그 애를 그 애 모습 그대로 살아가게 내버려 두기는 쉽지 않다. 너무 많은 에너지가 사방으로 뻗어 나가고 있어서다. 모든 것이 경합한다. 그 애는 늘 사투를 벌이고 있다. 아이들은 샘슨을 사랑하고 나는 언젠가는 아이들이 그 애를 자극할까 두려워하며 살아간다. 그 애의 삶을 도저히 내가 살았던 삶과 분리해 생각하기 어렵지만 노력해야 한다. 그 애의 자유는 내가 단 한 번도 상상해 보지 못했던 그 무엇이고 때문에 나는 그게 겁이 난다.

그 애가 항상 즐거운 건 아니다. 그런 사람이 어디 있겠는가? 하지만 나는 환한 미소로부터 춤으로부터 삶을 향한 거리낌 없는 사랑으로부터 등을 돌릴 때마다 매번 두렵다. 다들 내가 요즈음 행복해 보인다고 하는 건 그들이 예전의 내 모습을 알기 때문이다. 때로 샘슨이 울면 나는 그 애가 영영 울음을 그치지 않을까 봐, 난데없이 우리가 울음을 그칠 줄 모르는 소년이 나오는 뒤틀린 동화 속에 살게 될까 봐 겁이 난다. 그게 내 잘못일까 봐 겁이 난다. 나는 그 애한테 무엇을 남긴 걸까? 어느 날 밤 퇴근하니 너는 네 어머니가 돌아가신 일 때문에 샘슨이 한 시간이나 울었다고 말해 준다. 개수대에는 접시가 쌓여 있고 네가 샘슨을 달래야 했기에 다른 아이들은 모두 텔레비전을 보고 있다. 네 어머니가 돌아가신 지 일 년이 지난 뒤의 일이다. 다른 아이들은 할머니 이야기는 입 밖에 내지도 않는다. 그런데 샘슨은 나 역시 언젠가는 죽을 거라며 흐느껴 운다. 내가 죽을 때 내 안에 있는 그 애의 일부도 함께 죽을까? 샘슨은 내 안에서 나의 일부로 만들어진 사람이고, 지금의 나 역시 여러 의미로 그 애로 이루어진 사람이다. 그 애는 나의 구성을 되돌릴 수 없이 바꿔 놓았다. 너는 내가 집에 와 안심한 눈치다. 나라면 그 애의 울음을 멈춰 줄 수 있을 거라 생각하기에. 웬만한 밤은 이렇지 않다. 그 애는 겁 없이 굴 때가 많다. 그 애는 창턱에 걸터앉아 송골매 흉내를 내고, 타겟의 계산 줄에 서서 노래를 부르고, 우리 집 부엌에 놓인 그릇에서 브라우니 반죽을 슬쩍하고, 나는 그 애한테 행복할 공간을 내어 주려 노력한다. 내가 삶을 더 좋아하게 된 건 삶에 내 아이들이 함께이기 때문인 걸까 아니면 그 애가 내 안에 행복감을 남겨 두고 나와서인 걸까?

그 애는 내게 몇 살 때 어머니에게 내가 여자가 아니라고 말했냐고
묻는다.

이전에 내가 하지 않았던 말은 우리에겐 멈춤이 존재했다는 것이
다. 그 멈춤이 너무나 길어서, 시간이 쌓여 갈수록 그 애는 처음으
로 내가 답할 수 없는 시간을 살아가고 있다는 걸 알게 된 모양이
었다. 이제 그 애는 고군분투하는 내 모습을 알아야 한다. 지금까
지는 그 애한테 교묘하게 숨겼지만 말이다. 샘슨이 하는 다른 질문
들에는 대답하기 쉽다. 곤충이랑 거미는 뭐가 달라요? 필라델피아에
서 제일 좋아하는 식당이 어디예요? 왜 새우의 내장을 빼야 해요?

다섯 살 아니면 열 살 아니면 고등학생 때라고 대답하지 않은 나에
게 그 애는 실망했을까? 아니면 내가 해야만 하는 대답에 실망한
사람은 오직 나뿐일까?

학교 체육관에서 나는 웨이트 운동을 하며 젊은 남자들이 농구하는 모습을 본다. 나는 이 체육관에서 운동하는 일이 많지 않은데 긴 시멘트 벽돌 복도를 지나 단체 샤워실을 지나 탈의실 안에 들어가야 화장실에 갈 수 있기 때문이다. 나는 아직도 이런 장소가 무섭다. 너는 우리 아이들을 데리고 공공도서관에 있는 레고 클럽에 갔다. 너는 사람들과 쉽게 친해지는 성격이니 분명 수다를 떨고 있겠지. 체육관에서는 셔츠 대 맨몸 농구에 참여하는 경우 외에는 적절한 복장을 착용하라는 규칙이 있다. 나는 열 개의 몸이 움직이는 모습을 보면서 그들이 가진 것을 과거의 내가 가졌더라면 하고 고통스러울 만치 간절히 바란다. 우리 모두 집으로 돌아갔을 때 너는 샘슨을 목욕시킨 뒤 머리를 빗겨 주고 있고 그 애는 머리카락이 무엇이냐고 묻고 너는 우리의 몸 전체가 세포로 만들어져 있다고 말한다. 샘슨이 태어난 지 5년이 훌쩍 넘었는데도 나는 아직도 그 애를 볼 때마다 그 애가 내 몸에서 나왔다는 사실이 경이롭다. 너는 샘슨 이야기를 하지 않고 출산 경험을 이야기하는 법을 배웠다. 숀을 낳을 땐 세 시간 넘게 힘을 줬어요. 지지를 낳을 땐 순산이었죠. 샘슨은 희미한 배경이 되고 너는 듣는 사람들이 그 사실을 알아차리지 못하기를 빈다. 나는 네가 출산하는 장면을 또 한 번 지켜보느니 차라리 내가 출산을 하는 걸 택하겠다. 숀과 지지가 태어날 때 고통스러워하는 너를 보는 게 너무 힘들어서 행복할 수 없었다. 내가 고통스러운 게 훨씬 편하다. 손이나 지지를 내가 낳지 않았다는 사실을 밝혀야 할 때면 나는 그저 그 애는 나와 유전적 혈연관계가 아니에요,라고 말한다.

소아과 의사가 나를 샘슨의 엄마라고 부른 뒤 너는 고양이 모래와 버터 몇 토막을 사러 타겟에 가는 나를 따라가겠다고 한다. 너는 기분이 안 좋다. 내 눈에도 보인다. 차 안에서 너는 내 머리카락을 쓸어내리며 말한다. 숱이 정말 많다. 너는 그게 섹시하다는 듯 말한다. 때로 너는 섹스로 모든 게 해결될 거라고 생각한다. 뒷좌석에서 아이들은 막대 사탕을 사 달라고 징징거리고 또 눈이 온다고 불평을 늘어놓는다. 여긴 미시간주 마켓이니까, 나는 말한다. 네 손가락은 길다. 손톱은 뾰족하다. 너는 내 머리카락을 아프게 당긴다. 너는 날 아프게 하려는 게 아니지만, 그래도 아프다. 소아과 의사가 나를 보면서 웬만한 사내아이들은 열두 살이 되면 엄마 키만큼 큰다고 말했을 때 우리는 둘 다 아래를 내려다보며 그녀가 가리키는 엄마가 너라는 듯 굴었다. 샘슨이 의사 앞에 서 있었다. 근육이 잡힌 가느다란 다리에 가슴팍이 널따란 샘슨. 내 얼굴을 빼닮은 샘슨. 소아과 의사가 거침없이 뛰는 그 애의 심장 위에 청진기를 댄다. 내가 만든 이 아이는 이렇게 생기가 넘친다. 이 의사를 만나기 전, 몇 년간 나를 엄마로 착각한 사람은 아무도 없었다. 세상에, 넌 턱수염도 있는데, 고양이 모래와 버터를 사러 가는 차 안에서 너는 말한다. 의사가 나를 샘슨의 엄마라고 부른 뒤, 다시 고개를 들어 그녀를 보자 그녀는 마치 내가 무엇인지 모르겠다는 눈으로 나를 바라보았다.

그런 때면 나는 나 아닌 다른 사람이 된 척한다. 활강 스키 선수. 뉴스 앵커. 식료품점 주인. 기차 검표원. 사람들이 기차표를 내미는 열차 안에 나는 가만히 서 있겠지. 그 누구도 눈을 들어 검표원을 바라보지 않고, 모두가 똑같이 흡족한 목소리도 고맙다고 말한다. 나는 천공기를 들고 서 있을 테고, 천공기로 동그랗게 찍어 낸 조그만 하얀 종잇조각들이 열차 바닥으로 나풀나풀 떨어질 거다. 나는 내게 있는 온갖 권력에도 불구하고 오로지 모든 것이 이상 없기만을 바라는 마음으로 따뜻한 미소를 지을 거다. 소아과 의사는 샘슨이 너무 말랐다고 하지만 그 애는 나랑 같다. 자기 몸을 어떻게 하면 좋을지 몰라 그렇게 긴 시간 가만히 있을 수가 없는 거다. 그 애는 공원과 레크리에이션 센터같이 에너지를 쏟을 만한 장소들이 수백 곳은 있는 도시 필라델피아에서 태어났다. 그 애는 언제나 지금처럼 말랐다. 너는 내 젖이 탈지유였느냐고 농담한다. 너와 너의 농담. 내 키에 대해 농담한 사람은 너다. 샘슨이 상위 85퍼센트에 속한다는 의사의 말에 너는 이렇게 말했다. 우와, 이 애가 너보다 커지려면 몇 살이 될지 궁금하네. 의사가 나를 샘슨의 엄마라고 부른 건 너 때문이었다. 병에 담아 놓은 내 젖은 불빛에 비춰 보면 항상 푸른색이었다. 유축기가 삐걱대며 젖을 짜내던 소리, 푸른색이 도는 젖, 표면에 아주 가느다랗게 자리한 지방, 필라델피아의 우리 집 냉장고 안에 들어 있던.

뒷좌석에서 아이들은 병원에 있던 나눔 코너에서 꺼내 온 탱탱볼을 서로 가지고 놀겠다고 다툰다. 카 시트에 묶여 있는 상황에서 그 애들이 서로에게 입힐 수 있는 해는 크지 않다. 의사는 나를 그녀she라고 불렀다. 나를 그 애의 엄마라고 불렀다. 예전의 나를 알던 모든 사람들로부터, 그 애를 임신한 내 모습을 본 모든 사람들로부터 천 마일 거리로 떠나온 지금. 테스토스테론을 투여한 지 수년이 지난 아직도, 여전히 그 단어. 엄마. 빠져나올 수가 없다. 타겟으로 가는 길에 너는 내 머리를 잡아당긴다. 너는 머리숱이 이렇게 많다니 운이 좋아,라고 말한다. 내 머리카락을 바짝 잘라 낸 여자들 누구나 바닥으로 떨어지는 내 머리채를 보면서 하는 바로 그 말. 테스토스테론을 맞으면서 내 머리카락은 더 굵고 거칠어진다. 한참이나 내가 아무 말도 하지 않자 너는 아마 출생증명서 때문이었을 거라고 한다. 샘슨의 출생증명서를 한번 본 사람은 본 것을 잊을 수가 없다고, 너는 말한다. 아마 여기, 언제나 눈이 내리는 작은 마을로 이사 오면서 우리가 그 병원으로 이관한 샘슨의 의료기록에 있었을 거라고. 그래, 나는 말한다. 출생증명서에는 어머니라고 적혀 있다. 그 옆에 내 이름이 쓰여 있다. 의사는 날 보고 있지 않았다. 그녀는 어머니를 보고 있었다. 우리는 아이들을 소아과에 데려가는 걸 좋아했었다. 필라델피아의 의사는 우리를 잘 알았고, 진료가 끝날 때마다 앞으로도 힘내요!라고 했다. 어퍼 미시간의 타겟 출입문이 미국 어디서나 들리는 슈욱 소리를 내며 열린다. 열차 문이 열리는 소리와 다르지 않은 소리. 더운 공기가 우리 다섯 명에게 쏟아진다. 너, 나, 우리가 돌아가며 만든 세 아이들. 다른 곳과 똑같은, 여러 방식으로 우리를 기분 좋게 하는 상품들이 진열되어 있다. 경량 고양이 모래는 우리의 삶을 바꿔 주었다. 버터 토막 네 개가 있으면 쿠키를 수십 개 만들 수 있다. 화이트 초콜릿 마카다미아 쿠키. 브라운 버터 오트밀 쿠키. 완벽한 쿠키가 나올 수 있게 나는 반죽을 냉장고에서 숙성시킬 것이다. 너는 아이들의 아빠인 내 기분을 풀어 주려 뜨거운 커피를 사 주고 아이들을 카트 하나에 다 태운 다음 네가 카트를 끌겠다며 고집을 피운다.

출산 이후 오랜 시간이 지난 뒤에도 임신한 부모의 몸속에서 태아 세포가 발견되는 것과 같이 우리 역시 우리 세포를 아이들에게 전해 준다. 우리의 세포 역시도 수십 년간 아이의 몸 안에 머물며 불어날 수 있다.

키메라chimera: 두 가지 상이한 DNA 집합을 가진 유기체.

세포는 임신과 출산 외에도 모유 수유를 통해 전달될 수 있다. 모체 세포는 소화관을 통해 자손에게 침투하기도 한다.

임신 중에 나는 내 아이가 내 단점, 특히 불안을 물려받을까 봐 걱정했다.

그럼에도 나는 아이가 태어나고 2년 뒤까지 그 애의 몸에 내 세포를 침투시켰다.

나는 내가 주짓수 캠프에 간 동안 나 없이 잠들 수 없던 그 애한테 네가 수유하던 시절을 자꾸만 회상한다.

너도 그때를 생각할 때가 있을까?

임신의 과학에 대한 글을 읽을 때의 문제는 어머니와 모체라는 단어를 볼 때마다 자꾸 화가 난다는 거다.

모체-태아 의학이란 한 여성 그리고 하나 이상의 성별 미상 태아 사이의 관계에 제공되는 의료를 가리킨다.

나는 어머니란 말 대신에 임신 부모gestational parent라는 단어를 쓰지만 이런 표현이 사람들에게 혼란을 주곤 한다.

임신gestational은 오로지 육체의 행위만을 뜻하는 반면 모체maternal 란 이에 따르는 관계까지 가리키니까.

그리스 신화에 나오는 키메라는 꼬리는 뱀이고 등 한가운데에 염소의 머리가 솟아 있는 사자다.

건축에서는 장식적인 목적으로 사용되는 환상적이거나 신화적인 생물을 뜻하기도 한다.

건축에서는 그로테스크라는 이름으로 불리기도 한다.

'유령상어ghost shark'라고도 불리는 심해 키메라는 아주 드물게 목격된다. 코가 뾰족한 키메라가 처음 영상에 찍힌 것은 2016년이다.

이제 와 돌아보니 샘슨에게 우리 두 사람의 관계를 이야기할 때 드물다rare는 표현 대신 흔치 않다uncommon는 표현을 쓸 걸 그랬다는 생각이 든다.

드물다는 단어는 특별함을 불어넣기에 샘슨은 자신감이 솟은 모양이다.

난 특별해요, 그 애는 자랑스럽게 말한다.

누군가의 몸에서 나온 건 다들 마찬가지야, 내가 말한다.

유령상어는 무서운 생물이고, 나한테는 신화에 나오는 키메라보다 더 무섭게 느껴진다고 인정해야겠다.

수컷은 머리에 안으로 집어넣을 수 있는 성기가 달려 있고, 암컷의 몸에는 훗날을 위해 정자를 저장할 수 있는 주머니가 있다고 한다.

우리의 정자는 네가 사용하거나 사용하지 않을 수 있고 내가 사용하거나 사용하지 않을 수 있다는 전제하에 아직 정자은행에 보관하고 있다.

온라인 자조 모임에서 나는 이런 권고를 뒷받침할 증거가 거의 없음에도 불구하고 아직까지도 많은 의사들이 트랜스 남성 환자들에게 테스토스테론 요법을 시작한 뒤 5년 내에 자궁절제술을 받아야 한다고 말하고 있다는 사실을 알게 된다.

나는 늘 또 아기를 가지는 일을 생각한다.

자주 입 밖에 내는 일은 아니다.

해저를 헤엄치는 유령상어 영상을 보면서 나는 마치 보아서는 안 되는 것, 숨겨져 마땅한 무언가를 보는 것 같은 기분이 든다.

말 그대로 상어 협회가 하나로 합쳐 놓은 물고기처럼 생겼지요, 상어 연구소 소장이 말한다.

유령상어의 얼굴은 꿰매어 붙여 놓은 괴물 같다.

임신한 내 사진을 보는 사람들이 이런 생각을 할까?

다음 아이를 누가 낳을지, 다음 아이를 또 낳을지 같은 이야기를 너와 나눌 때, 역사, 심지어 몸까지 너와 영영 엮이게 될 또 다른 인간을 만들어 내는 일이 이기적이라는 기분을 참기가 힘들다.

내 글에 어른이 된 내 사진을 넣어야 한다는 말을 듣자 나는 반대한다. 그건 사람들이 보고 싶은 걸 보여 주는 일에 불과한 게 아닌가?

우리 아들들을 지역 초등학교에 입학시키자마자 행정실에서 전화가 온다. 자녀들의 출생증명서에 관해 몇 가지 질문을 드리려고요.

다만 누가 누구의 무엇인지를 알고자 사람들이 질문을 해 오는 이런 상황에서 우리 가족을 설명할 수 있는 압축적인 연설들을 여러 차례 시도해 보았지만, 어떤 말을 하건 결국은 그 자리에 있는 모두가 불편한 기분이 될 뿐이었다.

난 임신한 내 사진이 좋다.

샘슨이 다른 아이들과 다르다는 사실은 그 애가 어딜 가건 따라다닌다.

나는 주치의에게 내 출생증명서를 바꿔야 한다는 편지를 썼지만 보내지는 않았다.

침투하다: 샘슨과 나는 서로의 삶에 침입자다.

마지막으로, 키메라는 꿈이나 환영을 가리키기도 한다.

만약, 너는 묻는다, 그 애가 내가 자기를 낳았다고 거짓말을 하고 다니면 넌 어떤 기분일 것 같아?

이 동네 사람들은 다들 같은 이발사를 추천한다. 그래서 나는 그를 찾아간다. 우리, 나와 네 명의 남자는 딱딱한 플라스틱 의자에 앉는다. 우리의 낡아빠진 캔버스 재킷은 외투 걸이 하나에 걸려 있고, 겨울이라 갈라진 두 손은 벌린 다리 사이에 축 늘어져 있고, 우리의 눈길은 모두 이발사를 올려다보다가 다시 각자의 부츠 위로 떨어진다. 내 주머니 안에는 구겨진 지폐로 15달러가 들어 있다. 이발 비용 12달러, 팁으로 줄 3달러. 이 이발사는 남자들과 대화하는 법을 안다. 의자에 앉아 있는 남자들은 스포츠와 군대와 자신들이 가 본 곳 이야기를 늘어놓는다. 나는 고향에서 찾아가던 이발사를, 팁 없이 이발 비용만 35달러를 냈던 것을 떠올린다. 그 당시에 나는 공립학교 교사 급여를 받고 있었고, 이제 와 돌아보면 시립 병원은 너에게 급여를 아주 많이 줬던 것 같다. 나는 캘리포니아 출신, 다정하고 실없는 미소를 지닌 내게 딱 맞는 이발사를 만나기 전에 내 머리를 맡겼던 여자 이발사들과 내 머리를 만지던 그들의 그럭저럭 괜찮은 손길을 떠올린다. 이 낯선 북쪽 마을에서 이 낯선 남자에게 이발을 당할 순서를 기다리며 나는 고향 사람들은 내가 무엇인지, 내가 누군지 아는 것 같은 기분이 들었던 것을 생각한다. 비록 과거의 모습이었지만 그곳에서 난 안전한 기분이었다는 것도. 그곳에서는 머리를 자르는 데 30분이 걸렸고, 이발이 끝나면 난 내가 원하던 바로 그 모습으로 보였다. 산뜻한 퀴어 컷. 나는 나 같은 사람들을 위해 만들어진 곳에서 살았다. 내 차례가 되자 이발사는 내가 이 동네 사람이 아닌 걸 단번에 알아본다. 필라델피아 출신이라니, 그가 말한다. 그렇다고 이글스 팬은 아니면 좋겠네요. 풋볼을 공부하면, 연장 사용법을 공부하면, 사슴 가죽 손질하는 법을 공부하면 여기 사람들과 더 잘 어울릴 수 있을 거라는 걸 알지만, 나는 어울리고 싶지 않다. 그러고 싶을 거라고 생각했지만, 이젠 잘 모르겠다. 60초처럼 느껴지는 긴장감 속에서 이발이 끝난 뒤 나는 셀카를 찍는다. 일곱 살 같다. 지나치게 깔끔하고, 마치 첫 영성체를 앞두고 엄마가 데려가 잘라 온 것 같은 머리다. 하지만 난 웃음을 터뜨린다. 나는 스물아홉 살이고 지금, 미시간의 이 외딴 동네에서 보내는 첫 몇 달, 테스토스테론 요법을 시작한 이 첫 몇 달이 내게 존재하는 유일한 소년 시절이니까. 나의 짧은 소년 시절이 하루하루 끝나 간다. 집에 가는 길이야, 나는 너에게 문자 메시지를 보내고, 새로 자른 머리, 벽을 따라 늘어선 플라스틱 의자에 한 줄로 앉아 기다리는 남자들 틈에서 어울리기도 하고 어울리지 않기도 하던 이 이발소에서 처음이자 마지막일 머리 사진을 보낸다. 이건 좀 엄청난데, 너는 그렇게 답장한다.

그 뒤로 너는 몇 주마다 한 번씩 욕조에서 내 머리를 깎아 준다. 내가 옷을 벗고 나무 스툴에 앉으면 네가 내 등 뒤에 서서 깎아 준다. 어떤 조명 아래서는 대머리로 보일 만큼 바짝 깎는다. 내 인생에서 가장 경건하게 느껴진 순간 중 하나는 어느 날 네가 머리를 깎아 준 직후였다. 우리 집 눅눅한 욕실이라는 교회 안, 잘린 머리카락으로 뒤덮인 채 욕조에서 걸어 나온 뒤 샤워를 하기 전에 세면대 거울 앞에서 수염을 다듬었다. 샘슨은 일 년 넘게 머리를 기르고 있다. 앞머리는 몇 달 전부터 눈을 덮을 정도가 되었고, 아무리 핀이며 클립이며 끈과 머리띠와 스웨트밴드로 머리를 올려도 아무렇게나 자란 금발이 사방으로 뻗친다. 샘슨은 결코 수염을 기를 마음은 없지만 내 턱수염은 마음에 든다고 한다. 그 애는 두 손으로 내 얼굴을 어루만지며 나에게 아름답다고 한다. 그 애한테 내가 늘 쓰는 표현이니까. 그 애 이름을 부를 때마다 그 이름은 점점 충만해져서 나는 언젠가 그 애가 더는 그 이름을 원치 않을까 걱정이 된다. 나는 그 애가 다른 남자아이들, 우리 집 다른 아이들과 너무 다르다는 생각에 불안하다고 네게 털어놓고, 너는 음, 그건 너 하기 나름이야,라고 말한다. 난 내가 만들어 낸 아이를 있는 그대로 받아들일 필요가 있다. 샘슨은 부서질까 겁이 날 정도로 달콤하고 부드러운 아이다. 그 애의 작은 하얀 서랍장 안에는 청바지 위에 레깅스가, 그 위에 드레스가 차곡차곡 쌓여 있다. 창턱에는 팔찌며 레고로 만든 작품들이 나뒹군다. 너는 만약 숀을 낳은 게 네가 아닌 다른 사람이었더라도 그 애가 발목 교정기를 해야 했을까, 언어 교정 치료를 받아야 했을까 고민한다. 숀은 네 어머니를 꼭 닮았다. 나한테 회의적인 것까지도 그분과 똑같다. 하지만 고민해 봤자 달라지는 건 없다는 걸 우린 안다. 살아 있는, 지금 우리 앞에 있는 우리 아이들한테 고민은 아무 도움도 안 된다. 그 애들은 우리이고 동시에 그 애들의 정자 기증자이기도 하지만 대부분 그 애들 자신이기 때문이다.

내가 처음 삭발을 했을 때 모두가 충격을 받았지만 나는 신경 쓰지 않았다. 넌 내 머리통이 완벽하게 동그란 모양이라서 놀랐다고 했다. 누군가 내 몸에 대해 완벽하다는 표현을 쓴 건 그때가 처음이었다. 내 머리를 어루만지는 네 긴 손가락의 감촉은 새롭고 또 끝내줬다. 네가 내 손을 잡고 캠퍼스를 가로질러 걸으면 사람들의 고개가 우리를 따라 돌아갔다. 내 두피를 뒤덮는 공기는 너무나 차갑고 또 기분 좋았다. 그 시절 우리가 뭘 알았던가? 샘슨은 다른 아이들은 아빠가 아기를 낳을 수 있다는 걸 안 믿는다고 한다. 그 애가 그 말을 하는 순간 나는 마치 그 애가 나의 젖 말고 다른 음식을 먹을 수 있을 만큼 자라 버렸을 때, 그래서 그 애와 떨어지게 되었을 때처럼 속이 뒤틀렸다. 그 애의 이야기는 나 없이 시작할 수 없지만, 얼마든지 나 없이 끝낼 수 있다. 나는 지금의 샘슨에 대해서는 쓰고 싶지 않다. 너처럼 그 애를 이 글에서 하나의 인물로 만들어 보일 수 없어서다. 넌 그런 일을 감당할 수 있다. 내가 할 수 있는 건 얼굴에 온통 베리를 묻히던 샘슨에 대한 글을 쓰는 게 다다. 너는 사랑스러운 손길로 베리를 작은 유아용 과즙망에 담아 주며 그 애한테 내가 아닌 음식을 손으로 움켜쥐는 법을 가르쳐 주었다. 그 애의 눈은 내 눈처럼 새파랬고 얼굴은 온통 달콤한 빨간색과 보라색 얼룩투성이였다. 샘슨은 아빠에게서 태어난 세상에 유일한 아이가 되고 싶지는 않다고 한다. 내가 그 애한테 넌 혼자가 아니라고 안심시켜 주면서 나 역시 인터넷에서만 만난 아빠와 아이들 사진을 보여 주었는데도 말이다. 샘슨은 이제 더 컸고 짙은 색으로 익은 베리를 손가락으로 조심스레 잡아 성스러운 무엇이라도 되듯 혀 위에 올려놓는다. 끊임없이 나를 필요로 하던 샘슨은 그 애를 만든 나처럼 사라졌다. 내가 머리카락을 깎도록 허락해 주던 시절 그 애의 머리 감촉이 그립다. 동그랗고 까끌까끌한, 나와 꼭 닮은 머리. 그 애의 옛날 사진을 보고 있으면 가슴이 타들어 가는 기분이다. 내가 그 애한테 이 거침없는 삶을 준 거다.

감사의 말

나의 세계관과 이 책에 형태를 부여해 준 어머니들, 헬렌 매킬레이스, 에바 벨크, 메리 도허티, 존 매킬레이스가 없었더라면 가족에 관해 생각하는 것도 글을 쓰는 것도 막막했을 것이다.

대가족 속에서 자란 경험은 모든 이야기를 무질서하면서도 근사한 방식으로 분열시켜 주었다. 대가족이라는 창조적인 혼돈 속에 함께해 준, 그리고 포착하기 힘들던 시절의 내 삶을 받아들여 준 제리, 마이크, 숀, 라이언, 캐슬린, 켈시 매킬레이스에게 고맙다.

노던 미시간 대학교 문예창작 프로그램을 통해 미시간의 어퍼 페닌슐러 지역에서 시간, 가르침, 우정이라는 선물을 얻을 수 있었음에 감사한다. 마침내 이 책이라는 형태로 완성되기 전, 초기에 쓴 수많은 열망들을 읽어 준 교직원과 동료들에게 끝없는 감사를 보낸다. 멋진 스승들, 특히 레이철 메이를 만날 수 있어 행운이다. 내 글쓰기에 관해 몇 년간 믿음직한 조언을 주었고 즐길 수 있게 독려해 준 모니카 맥폰에게도 고맙다. 너그러운 멘토이자 친구가 되어 준 제니퍼 A. 하워드에게 감사한다. 문예창작 과정에서 만난 친구들, 특히 문예창작을 배우면서 만날 수 있으리라 기대한 바로 그 사람이 되어 준 사라 라이언, 눈 오는 밤 우리 집 부엌에서 커피와 맥주를 마시며 함께 트랜스 예술을 창조한 알렉스 레토클라크에게 감사한다. 마지막으로 이 책이 마침내 완성된 장소인 마켓의 멋진 커피숍을 운영해 주고 내게 라떼와 우정을 내어 준 에밀리 베게머에게 고맙다.

책의 형태로 완성되기 전 내 작품을 보고 응원해 준 독자들과 출판사 편집자들에게 감사한다. 내 짧은 에세이들을 세상으로 끌어내어 내 작품이 육아할 시간을 희생할 가치가 있다는 믿음은 물론 그 시간을 낼 수 있는 돈까지 지원해 준 지속 가능한 예술 재단 Sustainable Arts Foundation에게 감사드린다. 인터넷에서 만난 글쓰기 친구들, 그 중에서도 특히 티스윗에게 감사한다. 시작 단계에서부터 나와 이 프로젝트에 관해 깊은 신뢰감을 보여 준 나의 담당 에이전트 애슐리 로페즈에게도 고맙다. 또, 카운터포인트Counterpoint의 모든 분, 특히 나의 원고 뭉치를 아름다운 물성을 지닌 무언가로 만들어 준 제니 올턴, 조던 콜루크에게 감사한다.

나 이전에 등장해 내가 내 글을 구상하는 동안 읽고 곱씹을 작품을 만들어 준 모든 강인한 트랜스 작가들에게 감사한다. 여러분이 내게 영감을 주었고 나를 응원해 주었다.

손 사일러스, 샘슨 라이언, 그리고 설리번 아이제이아, 내가 성장하는 동시에 영원한 젊음을 누릴 수 있게 해 줘서 고마워.

애나 벨크, 나는 거의 항상 너를 향해 글을 써 왔어.

이 책에 등장한 에세이 중 여러 편은 약간 다른 형태로 챕북 『인트랜싯 In Transit』에 실렸고, 다음 잡지들에도 실렸다. 『그랜타』『블랙 워리어 리뷰』『틴 하우스 플래시 피델리티』『소노라 리뷰』
『리디바이더』『그리스트 온라인』『스플릿 립 매거진』『젤리피시
리뷰』『피전홀스』『소노라 온라인』『어드로이트 저널』『피전 페
이지스』『브레드컴스 매거진』 그리고 『2018 최고의 온라인 에세
이 *Best of the Net 2018*』.

참고문헌

기계

Kane, D., W. Grassi, R. Sturrock, and P. V. Balint. "A brief history of musculoskeletal ultrasound: 'From bats and ships to babies and hips.'" *Rheumatology* 43, no. 7 (July 2004): 931–933. doi.org/10.1093/rheumatology/keh004.

Lemay, Helen Rodnite. *Women's Secrets: A Translation of Pseudo-Albertus Magnus De Secretis Mulierum with Commentaries.* New York: State University of New York Press, 1992.

Nicholson, Malcolm, and John E. E. Fleming. *Imaging and Imagining the Fetus: The Development of Obstetric Ultrasound.* Baltimore: Johns Hopkins University Press, 2013.

종이 위에 남은 말들

Centers for Disease Control. *A Journalist's Guide to Shaken Baby Syndrome: A Preventable Tragedy.* U. S. Department of Health & Human Services.

Densley, James, and Jillian Peterson. "The Violence Project Data Are of Mass Shootings in the United States, 1966–2019." The Violence Project: Mass Shooting Data & Research, 2019.

가슴의 역사

폴라 보글, 『운전 배우기』, 지만지드라마, 2019.

주디 블룸, 『안녕하세요, 하느님? 저 마거릿이에요』, 비룡소, 2003.

수전 스트라이커, 『트랜스젠더의 역사』, 이매진, 2016.

플로렌스 윌리엄스, 『가슴 이야기』, Mid, 2014.

Blume, Judy. "!@#$% Happens!" *Judy's blog.* judyblumeblog.blogspot.com/2012/09
/happens.html.

Lorde, Audre. *The Cancer Journals: Special Edition.* San Francisco: Aunt Lute Books,
2006.

Mock, Janet. *Redefining Realness.* New York: Atria Books, 2014.

Nelson, Maggie. *The Argonauts.* Minneapolis: Graywolf Press, 2015.

Petizmeier, Sarah, et al. "Health Impact of Chest Binding among Transgender Adults:
A Community-Engaged, Cross-Sectional Study." *Culture, Health & Sexuality* 19,
no. 1 (2017), 64–75.

Prose, Francine, et al., *Master Breasts.* New York: Aperture, 1998.

Yalom, Marilyn. *A History of the Breast.* New York: Ballentine Books, 1997.

갓난아기를 사진에 담는 법

Birnholz, J. C., and B. R. Benacerraf. "The Development of Human Fetal Hearing."
Science 222, no. 4623 (November 1983): 516–518.

민사재판소에서

Drury, Tracey. "Catholic Charities to Phase Out Adoption to Avoid the Conflict of
Serving Gay Couples." *Buffalo Business First*, August 23, 2018.

Liptak, Adan. "Supreme Court to Hear Case on Gay Rights and Foster Care." *The
New York Times*, February 24, 2020.

Obedin-Maleker, J., and H. Makadon. "Transgender Men and Pregnancy." *Obstetric
Medicine* 9, no. 1 (2016).

Learn, Joshua Rapp. "Mysterious Ghost Sharks' Sex Habits Revealed." *National Geographic*, June 15, 2017. www.nationalgeographic.com.au/animals/mysterious-ghost-sharks-sex-habits-revealed.aspx.

Shute, Nancy. "Beyond Birth: A Child's Cells May Help or Harm the Mother Long after Delivery." *Scientific American*, April 30, 2010.

논바이너리 마더

초판 1쇄 인쇄 2023년 4월 20일
초판 1쇄 발행 2023년 5월 1일

지은이 크리스 맬컴 벨크
옮긴이 송섬별
펴낸이 정은선

펴낸곳 (주)오렌지디
출판등록 제 2020-000013호
주소 서울특별시 강남구 선릉로 428
전화 02-6196-0380
팩스 02-6499-0323

ISBN 979-11-92674-60-5   03330

www.oranged.co.kr